長崎の教会

平戸、長崎、五島、祈りの地を巡る

「日本の信徒発見」の歴史的舞台
となった大浦天主堂で 150 周年
記念のミサを司式する髙見大司教

長崎の教会が意味するもの——

カトリック長崎大司教区大司教　髙《たか》見《み》三《みつ》明《あき》

わたしが生まれ育った長崎市北部の三ツ山町（旧称木場郷）は、１５８０年代からイエズス会の宣教師が入ってきた地域です。この三ツ山を含む浦上村には、禁教令が出されて以降もキリシタンが隠れ住み、再び神父が訪れて、信仰生活が自由にできるようになる日を、ひたすら待ち続けました。

１８６５（元治２）年3月17日、浦上の信徒たちは、大浦天主堂に行き、フランス人神父に、自分たちの信仰を告白しました。「信徒発見」と呼ばれるこの出来事からちょうど１５０年後の２０１５（平成27）年3月17日、わたしたちは、記念のミサを盛大に行いました。国内外からお招きした司教や司祭たちも、幾多の困難を乗り越えて信仰を守り通した信徒たちを讃えてくれました。

それと時を同じくして、長崎の各地にある教会群が、文化遺産候補に登録されたため注目を浴びるようになりました。それらは、長い迫害の歴史を経て信仰の自由を得た信徒たちが、コツコツと貯めた資金を出し合い、労働奉仕をして建てたものです。ヨーロッパの壮麗な教会と比べれば簡素なものですが、手作りならではのあたたか味や愛の深さは、どこにも負けません。

その魅力に惹かれ、全国から訪れてくださる方々にお願いしたいのは、単に建物を鑑賞して終わるのではなく、日本の歴史を振り返り、その中で、キリスト教が果たした役割について考えて欲しい、ということです。

16世紀に日本に伝わったのは、キリスト教だけでなく、印刷技術や絵画など西洋の先進文化全般でした。病人や貧しい人々のための施設を作るなど、福祉という考え方を伝えてくれたのも宣教師でした。

のちにキリスト教が禁制になったのは、スペインやポルトガルによる侵略を恐れたためですが、キリシタンであることが犯罪とされたことは、大変理不尽なことでした。

宗教や思想は、強制されたり、抑圧されるべきものではありません。「日本の信徒発見」は、日本人が「信教の自由」という基本的人権を主張した出来事としても高く評価されるべきです。

今、わたしたちがキリシタンの歴史から学ぶべきことは、明確に反社会的でない限り、異なった宗教を奉じる人々を、国家が組織的に排除するようなことを、二度と繰り返してはならないということではないでしょうか。

Contents

目次

第3章 キリシタンの苦難と安住の地 五島

教会見学の基礎知識 110

長崎祈りの奇跡

伝来から繁栄、そして弾圧、潜伏――。
数々の苦しみを乗り越え、
なぜ信仰は守られ続けたのか。
その歴史と、
信者の心を
語っていただいた。

語り＝片《かた》岡《おか》瑠《る》美《み》子《こ》
長崎純心大学学長

「日本之聖母像」と名付けら▶
れた大浦天主堂のマリア像

「長崎の教会に込められた、信徒たちの心を感じて欲しい」と語る、片岡瑠美子先生

厳しい弾圧の中 秘密の組織で守られた信仰

まだキリシタンに対する取り締まりが厳しかった今から150年ほど前、当時、フランス寺と呼ばれていた大浦天主堂に、自分たちはキリシタンであると名乗り出た十数名の男女がいました。彼らは現在の長崎市北部、浦上村からやってきた人々で、250年もの間、神父不在のまま潜伏し、密かに信仰を続けてきたのでした。この出来事は「信徒発見」と呼ばれ、世界中のカトリック関係者たちを驚かせました。なぜ彼らは、厳しい弾圧の中、信仰を守り抜くことができたのでしょうか。

まずは、キリスト教が伝来した当時の長崎の様子を見てみましょう。

16世紀後半から17世紀初頭ごろに長崎にいた司教は、次のような報告書をローマに書き送っています。

「教えをそのまま伝えるのは難しい国もあるが、長崎はヨーロッパと同じ規定を課しても大丈夫だ」。

規定とは、カトリックの祝日はいつで、何をしなければいけないというような決まりごとのこと。つまり長崎は、そうした異国の文化も理解し、受け入れることができる成熟した土地柄であったということです。

当時長崎の街には、15ほどの教会がありました。今の長崎県庁があるところにイエズス会の本部が置かれ、日本人の子弟が司祭になるための勉強をするコレジオという施設もありました。今の春徳寺の場所には、中学、高校に当たるセミナリオもありました。

ミサが頻繁に行われて信仰教育が街に行き渡り、力を持っていた豪商たちも、ほとんどがキリシタンでした。彼らはミゼリコルディア（慈悲会）を結成し、老人や病気の人々のための施設を作る寄付を集めます。これ以外にも、いくつもの信心会がありました。そのような環境の中で迫害が始まると、人々は命がけで宣教師をかくまい、そ

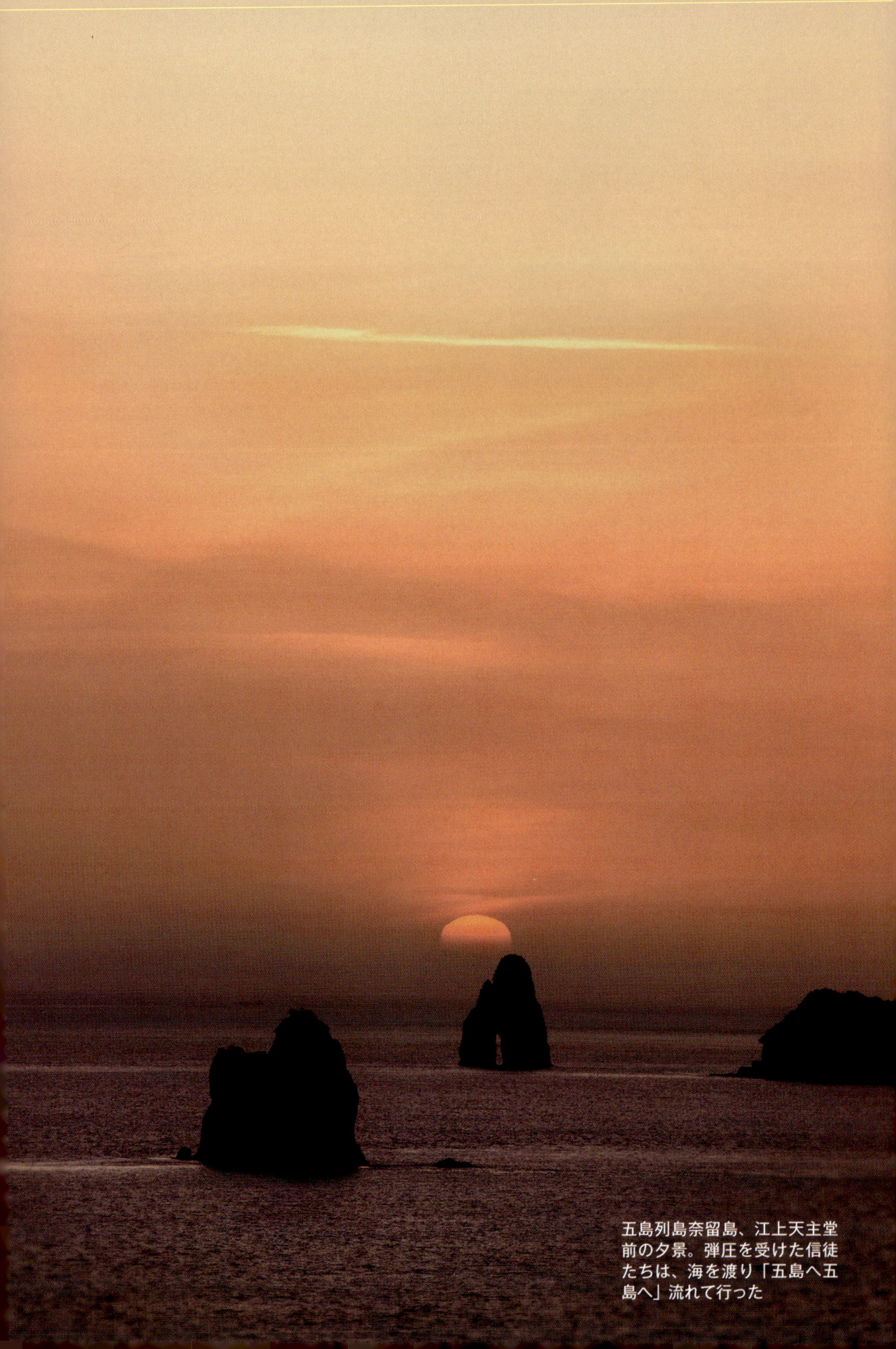

五島列島奈留島、江上天主堂前の夕景。弾圧を受けた信徒たちは、海を渡り「五島へ五島へ」流れて行った

クリスチャンではないことを証明するための「踏み絵」（模造品）

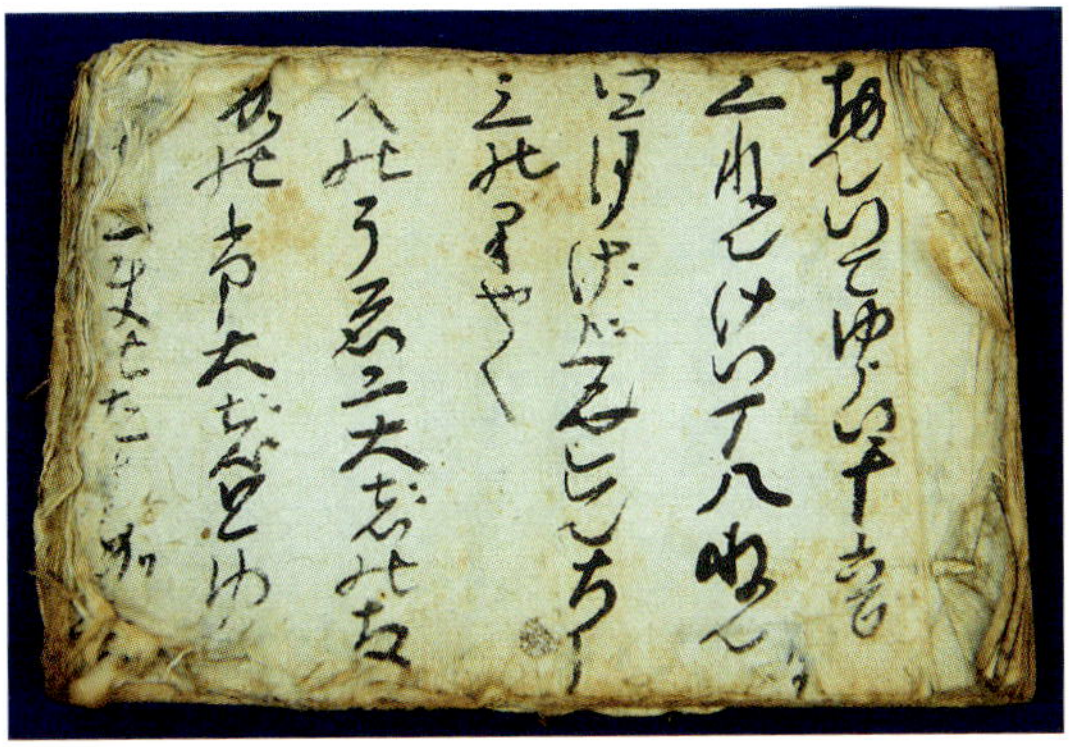

長崎市外海歴史民俗資料館に展示されている「キリストの教へ」

潜伏キリシタンの宝物「イエス・キリスト像」

の結果、家族が殺されるというような痛ましい出来事も起きました。

こうした組織の責任者には、司祭が不在の際に洗礼を授ける権限が与えられていました。カトリックには7つの秘蹟（信仰を高めるための儀式）があり、洗礼は入信の儀式です。弾圧が厳しくなってからも、キリシタンたちは地域ごとに秘密の組織を作って信仰を続けました。

各地域は、村、郷、字の三段階に分かれ、村には生活の拠り所となる祝日を記した暦と祈りの本を持つ「帳方《ちょうかた》」という役職、そしてその下の郷には「水方《みずかた》（触頭《ふれがしら》）」という役職が置かれます。この水方が、洗礼を授ける権限を持っています。その下の字には「聞《きき》役《やく》」が置かれ、これは、触頭からの伝達事項を皆に伝える役目です。このような組織がきちんとしていたのは、浦上村、外海、そして外海からキリシタンたちが移住した五島列島です。

平戸にもありましたが、こちらは松浦藩の支配地で、地域的にも離れていたため、信仰形態に少し違いがあります。もっとも大きな違いは、「コンチリサンの祈り」が平戸には伝わっていないこと。コンチリサンとは、痛悔（悔い改める）という意味です。

江戸時代には、キリシタンに棄教を促すための手段である「絵踏」が、長崎各地で行われていました。キリシタンたちは、それが神への裏切りであることをよく知っていましたが、自分が踏まなければ皆が殺されるという状況に追い込まれ、心ならずも踏んでしまう。その悔恨のため、家に帰ってから、コンチリサンの祈りを唱えたのです。洗礼は司祭がいなくてもできましたが、「許しの秘蹟」（告悔、自分が犯した罪を告白し、神の許しを得ること）は司祭のもとでないとできません。コンチリサンの祈りは、そのかわりをするものですが、いつか司祭がやってきたら、ちゃんとした告悔をして魂の救済を得たい。人々はそのために、ひたすら司祭の到来を待ち続けたのです。

　彼らが、「司祭は必ずやってくる」と信じることができたのは、バスチャンの予言があったためです。

　バスチャンは徳川家光のころに活動した日本人の宣教師で、外海の山中に隠れ住み、洗礼を授けて回りました。彼の功績のひとつは、カトリックの祝日を記したバスチャン暦を作成したこと。もうひとつは、バスチャンの予言です。予言の主旨は「今から数えて七代後にコンヘソーロ（告悔を聞く司祭）が黒船に乗ってやってきて、その後は毎週でも、告悔をすることができるようになる」というものでした。そして本当に七代後、司祭が長崎にやってきたのです。

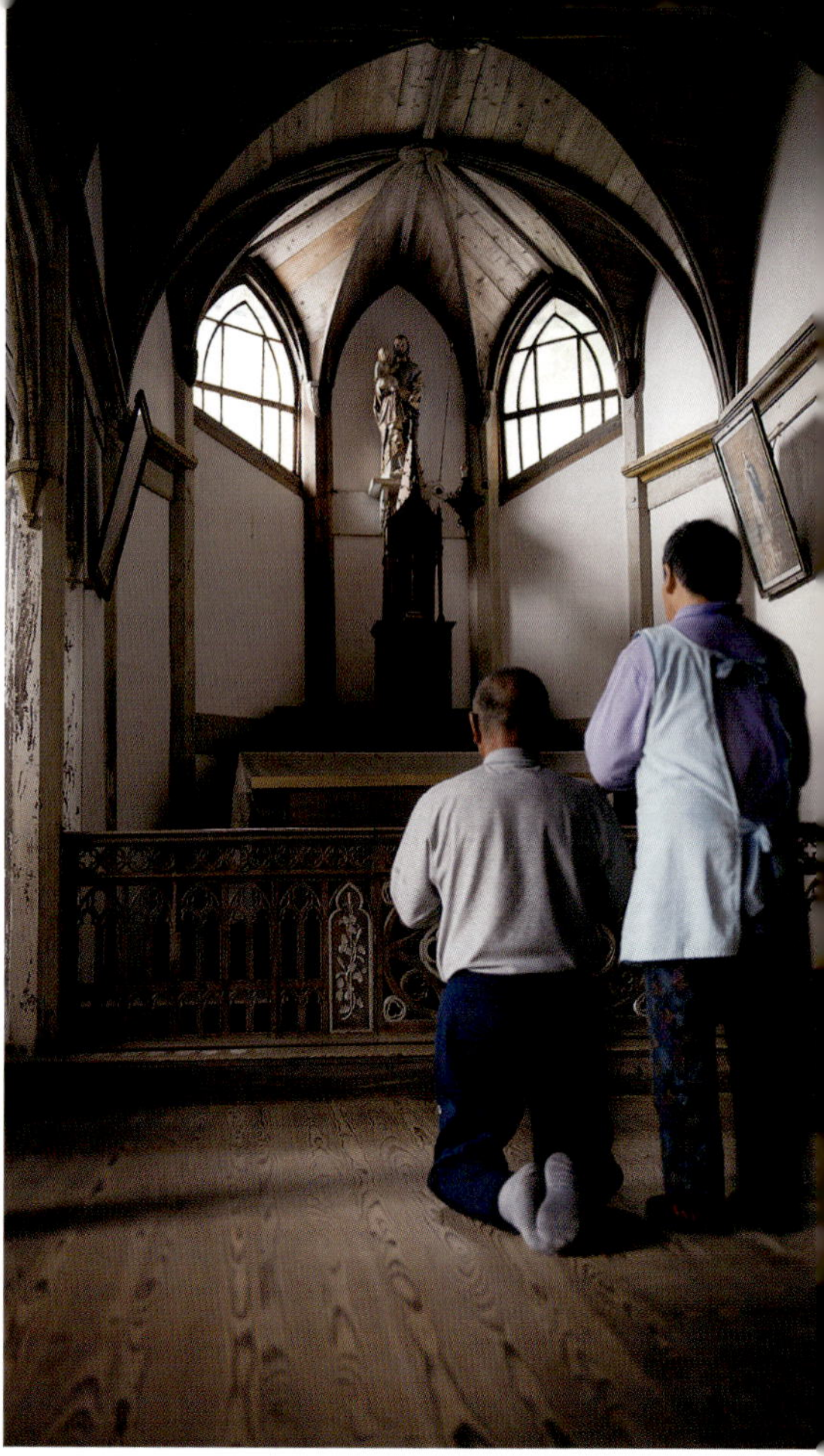

信徒たちは気持ちをひとつにして祈りを捧げ、信仰を守り続けた（五島・久賀島の旧五輪教会堂にて）

世界キリスト教史の奇蹟 信徒発見

　幕末の動乱さなかの1865（元治2）年、長崎の外国人居留区に大浦天主堂が建てられました。これは外国人のためのものでしたが、日本人の見学も許されました。天主堂ができてから1カ月ほどが過ぎた3月17日、フランスからやってきたプティジャン神父の前に浦上村の杉本ゆりという女性が進み出て、「われらの胸、あなたの胸と同じ」と言いました。自分たちはあなたと同じ信仰を持っているという告白です。この女性が、さらに「サンタマリアの御像はどこ？」と質問したことにより、プティジャン神父は、これは、

花柄のステンドグラスが窓を飾る
青砂ヶ浦天主堂（五島・中通島）

1600年代に描かれたという
「雪のサンタ・マリア」
（日本二十六聖人記念館蔵）

長い間この地で隠れて信仰を守ってきた人々だと確信しました。

　各地で潜伏していたキリシタンたちの間では、この少し前から、待ち望んでいた司祭が来たという噂が広まっていました。浦上村の人々は「殺されてもいいから」と、村を出て行きました。つまり彼らは、命がけで司祭を確認し、自らの意思で名乗り出て、カトリック教徒として復帰したのです。

　各地のキリシタンたちがあとに続きましたが、この時名乗り出ず、先祖代々伝わってきた信仰を続けた人々もいました。それまでのキリシタンたちの信仰形態は、司祭がいない状態で伝承される中で変化し、正式なカトリックとは異なる部分もあります。そうした信仰を守っている人々を、「かくれキリシタン」と呼びます。

　彼らがカトリックに復帰しなかった理由は、個々の状況によってさまざまです。こうした「かくれキリシタン」の集落は、一部の地域で存続しましたが、現在は非常に少なくなりました。

　一方、名乗り出た浦上村の人たちは、これまで村の者の葬儀を仏教の寺で行ってきたが、自分たちの信仰がフランス寺の信仰と合致することがわかったので、今後はフランス寺で葬儀を行いたいと役人に訴え出ました。しかしキリシタン禁制はまだ続いており、江戸幕府が倒れた後は、明治政府が受け継ぎました。政府は浦上村で名乗り出た信徒三千数百人を捕え、各地に流配しました。これを「浦上四番崩れ」と言い、江戸期から続いた弾圧の中でも、もっとも大規模なもののひとつです。流された先によって扱いは違ったようですが、中にはひどい拷問が行われたケースもあり、およそ600人が亡くなりました。

　1873（明治6）年、ようやくキリシタン禁制の高札が撤去され、流配者たちは浦上村に戻りました。彼らの中には、拷問されても信仰を捨てなかった人、拷問のために一度は信仰を捨ててしまった人、名乗り出ず、流配にもならなかった人など、立場の違いがありました。しかし彼らは恨み言を一切言いませんでした。苦難に満ちた流配を「旅」と呼び、道々で見聞きした話を、まるで楽しい思い出のように皆に語って聞かせ、自分たちを捕まえた役人についても、上からの命令でやったことなので、「誰々に拷問された」という話をしなかったのです。

　それぞれに何らかの良心の呵責を抱えていたため、彼らは浦上村を見晴らす丘の上に十字架を立て、キリストが磔刑にされたゴルゴダの丘になぞらえて十字架山と呼びました。再び心を同

「償いと感謝の聖地」十字架山。浦上を見晴らすこの丘が、キリストが処刑された「ゴルゴダの丘」に似ていることからこの名がつけられたという

じにするため、皆で十字架を作る石を切り出し、皆で担いで行ったのです。浦上天主堂が建つと、名乗り出なかった人たちの中には、自らを罰するために、膝行してミサに向かった人もいたそうです。

バスチャンの予言として伝えられてきた「大声でキリシタンの歌をうたえる」日が、ついにやってきたのです。信徒にとって教会堂は、神を賛美し、感謝を捧げ、許しと恵みを願う祈りの家であり、祈りがあってこそ「教会＝神の家」なのです。

「気持ちをひとつにして祈る場所が欲しい」。長崎の教会には、人々のそんな願いが込められています。

美しく可愛らしい建物を見て、心癒される人が多いと思いますが、もっと大切なのは、キリシタンがたどってきた悲しみと喜びの歴史です。長崎を旅する方々には、昔、この地に教会を建てた人々の心にも思いを馳せていただきたいと、願ってやみません。

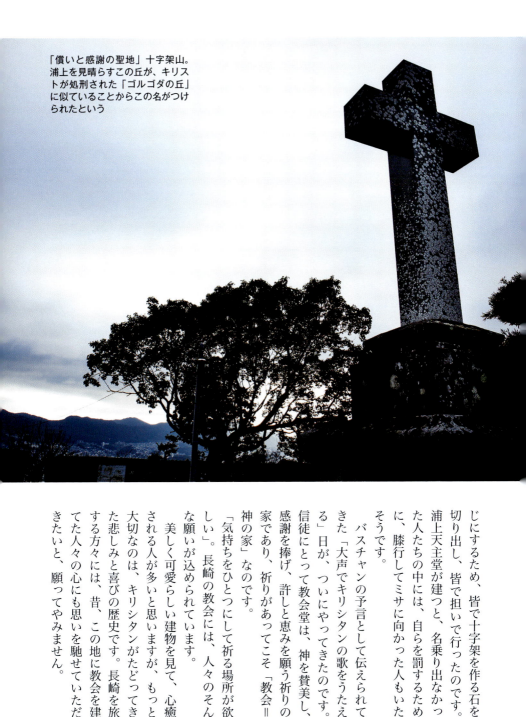

黒島天主堂
大野教会堂
出津教会堂と関連施設
大浦天主堂と関連施設
日野江城跡
原城跡
天草の﨑津集落
佐賀県
長崎県
熊本県
フェリー50分(相浦~黒島)
船45分(佐世保~前津吉)
船30分(相浦~前津吉)
高速船1時間30分(佐世保~有川)
佐賀空港(有明佐賀空港)
長崎空港
天草空港
有明海
大村湾
諫早湾
橘湾
島原湾
角力灘
天草灘
八代海
唐津湾
伊万里湾
仮屋湾
平戸瀬戸
早崎瀬戸
的山大島
生月島
平戸島
九十九島
平戸
たびら平戸口
松浦
伊万里
唐津
西唐津
東松浦半島
相知
武雄温泉
有田
佐世保
早岐
ハウステンボス
彼杵
嬉野温泉
肥前鹿島
肥前大浦
諫早
長崎
長崎バイパス
長崎タウン
ながさき女神大橋道路
ながさき出島道路
西海パールライン
針尾瀬戸
西彼杵半島
長崎半島
中ノ島
端島
島原半島
島原
島原外港
雲仙温泉
小浜温泉
吉野ヶ里歴史公園
小城
佐賀
久保田
柳川
西鉄柳川
大牟田
三角
天草五橋
天草上島
上島
天草下島
下島
天草諸島
牧島
御所浦島
獅子島
水俣
新水俣
筑前深江
JR筑肥線
JR唐津線
JR佐世保線
JR長崎本線
長崎自動車道
西九州自動車道
松浦鉄道
島原鉄道
西日本鉄道
九州新幹線

長崎の代表的教会群とキリスト教関連遺産Map

長崎キリスト教史の基礎知識

訪れる前にこれだけは知っておきたい

■キリスト教伝来

1549（天文18）年、イエズス会創立者のひとりであるフランシスコ・ザビエルが鹿児島に上陸。薩摩藩の許可を得て、布教を開始したことに始まる。ザビエルは、長崎では平戸にも滞在し、やがて京都に到達する。これ以降、多くの宣教師が来日し、キリスト教は急速に広まった。

■キリシタン大名

戦国時代から江戸時代にかけてキリスト教に入信し、洗礼を受けた大名のこと。宣教師たちは布教活動を円滑にするため、各地を治める大名にも布教を行った。大名たちにとっては、洗礼の見返りとして与えられる弾薬や南蛮貿易も魅力だった。本書に登場する代表的なキリシタン大名は、長崎をイエズス会に献上した大村純忠、島原を治めた有馬晴信など。

■キリシタン弾圧

1587（天正15）年の豊臣秀吉による「バテレン追放令」に始まり、徳川幕府の「禁教令」により、キリシタンに対する取り締まりが強化された。隠れて信仰を守る人々を捕えて棄教《ききょう》を迫るための凄惨な拷問も行われ、多くのキリシタンが命を落とした。この迫害は明治初頭まで続けられた。

■殉教地

殉教とは、信仰のために命を失うこと。カトリックでは特に重要視され、殉教者が亡くなった場所を殉教地と呼ぶ。日本では、外国人宣教師及び日本人信徒26人が長崎の西坂《にしざか》で磔刑《たっけい》に処せられた。のちに、この人々がカトリック教会によって聖人の列に加えられたため、西坂の殉教地は、カトリックの正式な巡礼地のひとつとなった。

■聖人

キリスト教会が認定する「他のキリスト教徒の模範となるべき偉大な信者」のことで、これに認定されることを「列聖」という。神と人々のために、またその信仰を守るために、その命を捧げるという殉教もその証明となった。

■隠れキリシタン

キリシタンたちは、表向きは仏教徒などを装いながら、密かに信仰を伝承した。これを一般に「隠れキリシタン」と呼ぶが、禁教令が解けて隠れる必要がなくなってもカトリックに復帰せず、先祖代々伝わってきた信仰形態を続けた集落もある。学術的には、江戸時代までのキリシタンを「潜伏キリシタン」、明治以降も潜伏時代の信仰を続けている人々を「かくれキリシタン」と呼ぶ。

■バスチャンの予言

バスチャンは、江戸時代初期に外海《そとめ》の山中に隠れ住んだとされる伝説上の日本人伝道師。「七代耐え忍べば、海の向こうから神父がやって来る。そして、キリシタンの歌をどこでも歌えるようになり、異教徒たちが道を譲るようになる」との予言を残した。これが、キリシタンたちの心の拠り所となった。

■オラショ

キリシタンの用語で、「祈り」という意味。もとはラテン語のオラシオ(oratio)に由来する。かくれキリシタンの間で口伝えに伝承されたため、地域ごとにさまざまな種類があるが、言葉の意味自体はほぼ失われている。研究により、16世紀にスペインのある地域で歌われていた聖歌を原曲とするオラショもあることが判明している。

■崩れ

潜伏キリシタンを摘発し、処刑することをいう。１６５７（明暦３）年に大村藩郡《こおり》地区で起きた「郡崩《くず》れ」が最初で、これをきっかけに、潜伏キリシタンは大村藩領内では主に浦上村と外海地区に隠れ住むようになったとされる。浦上村では一番から四番まで、四度の「崩れ」があり、明治初頭の四番崩れがもっとも大規模であった。引き続き、五島でも、「五島崩れ」が起きた。

■信徒発見

１８６５（元治２）年、外国人のために建てられた大浦天主堂に、浦上村に潜伏していたキリシタンの一群がやってきて、自分たちはあなたと同じ信仰を持っていると打ち明けた。この出来事は、神父の側からは「信徒発見」であるが、キリシタンの側から見れば、「神父発見」とも言える。これを契機に浦上四番崩れなどの弾圧事件が起きるが、やがて禁教令が解かれ、キリシタンたちは信仰の自由を得る。

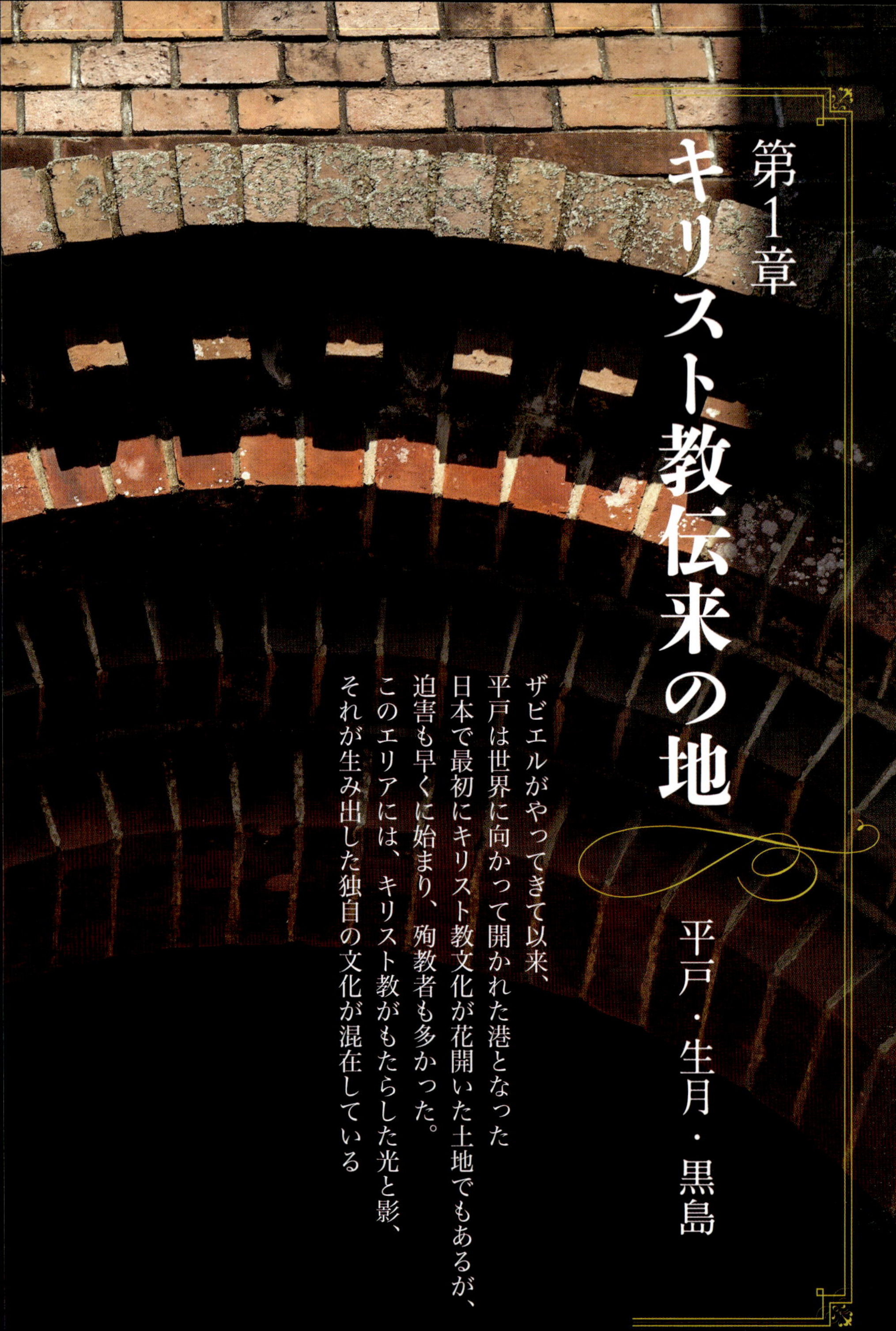

第1章 キリスト教伝来の地

平戸・生月・黒島

ザビエルがやってきて以来、
平戸は世界に向かって開かれた港となった
日本で最初にキリスト教文化が花開いた土地でもあるが、
迫害も早くに始まり、殉教者も多かった。
このエリアには、キリスト教がもたらした光と影、
それが生み出した独自の文化が混在している

黒島・田平天主堂。多彩な煉瓦積みの手法を用いた重厚な造り

平戸 教会の歴史をたどる

平戸は長崎県北西部にある比較的大きな島で、現在は平戸大橋によって本土と繋がっている。1549（天文18）年、イエズス会のフランシスコ・ザビエルほか7名が鹿児島に上陸し、日本にキリスト教が伝えられた。その翌年、ザビエル一行は、この平戸にやってきた。

外国船が行き交う港として栄えた平戸

平戸藩主の松浦隆信はポルトガルとの貿易のために布教を許可し、重臣の籠手田安経《こでたやすつね》・一部勘解由《いちぶかげゆ》が洗礼を受けてキリシタンとなる。

その後彼らの領地である平戸島西岸やその北西部にある生月島で一斉改宗が行われ、信徒は大きく増えた。そのため仏教勢力との衝突も起き、松浦隆信は一時的に宣教師を追放している。

安経や勘解由の没後、松浦氏のキリシタンに対する姿勢も厳しさを増す。1587（天正15）年のバテレン追放令の際には生月島に全国の宣教師が集まり、コレジヨ（大神学校）やセミナリヨ（小神学校）も一時的に同島に移された。

1599（慶長4）年、松浦隆信が亡くなると、息子の鎮信は平戸領にいる全キリシタンに棄教を迫った。籠手田・一部氏は領地を捨て、600人もの信徒を連れて長崎に逃れた。鎮信は、信徒の棄教を進めるため、キリシタン時代に廃絶された寺院を復活させ神社を新築する。さ

平戸の空に向かい、大きく手を広げたキリストが印象的な
平戸殉教者顕彰慰霊之碑

らには教会や十字架を破壊し、信徒の指導者を処刑したが、跡地や処刑地、墓地は、今も信徒たちの聖地となっている。

1614（慶長19）年の禁教令後も、生月島や平戸島西岸のキリシタンたちは、寺院の檀家、神社の氏子となりながら、信仰の組を維持して、行事を続けた。18世紀の終わりごろからは、長崎の外海地方から直接平戸に移住したり、五島や黒島を経て移住する潜伏キリシタンが増え、台地や斜面に畑を開いて、密かに信仰を守った。

開国後の1865（元治2）年、長崎に大浦天主堂が建設され、外国の宣教師たちが各地の潜伏キリシタンに、カトリックへの復帰を促した。しかしさまざまな理由からカトリックに復帰せず、潜伏時代の信仰形態をそのまま守り続けるケースも多かった。そのような人々と信仰を「かくれキリシタン」と呼ぶ。生月島では、現在も少数ながら信仰の組織が存続しているが、平戸の根獅子《ねしこ》では、後継者不足のため、1992（平成4）年に組織が解散した。

平戸では、中世以来の仏教寺院の中に平戸ザビエル記念教会の尖塔がそびえ立つ風景が名所となっている。またコロニアル風の邸宅のような宝《ほう》亀《き》教会など、個性的な教会がいくつもあるが、その多くは外海や五島から移住してきた潜伏キリシタンの子孫たちが建てたものだ。

平戸島の対岸の田《た》平町《びらちょう》には、1886（明治19）年以降、黒島教会のラゲ神父や出津《しつ》教会のド・ロ神父が土地を買い、信徒の家族を移住させている。1918（大正7）年に建てられた田平天主堂は、煉瓦造りの重厚な建物で、多くの教会を建てた五島生まれの名棟梁、鉄川与助による最高傑作だ。

佐世保市の黒島は、潜伏キリシタンのすべてがカトリックに復帰した島で、現在も、島民の8割が信徒である。黒島天主堂はフランスからやってきたマルマン神父が設計した本格的なロマネスク様式の建物で、内部の装飾も実に見事だ。

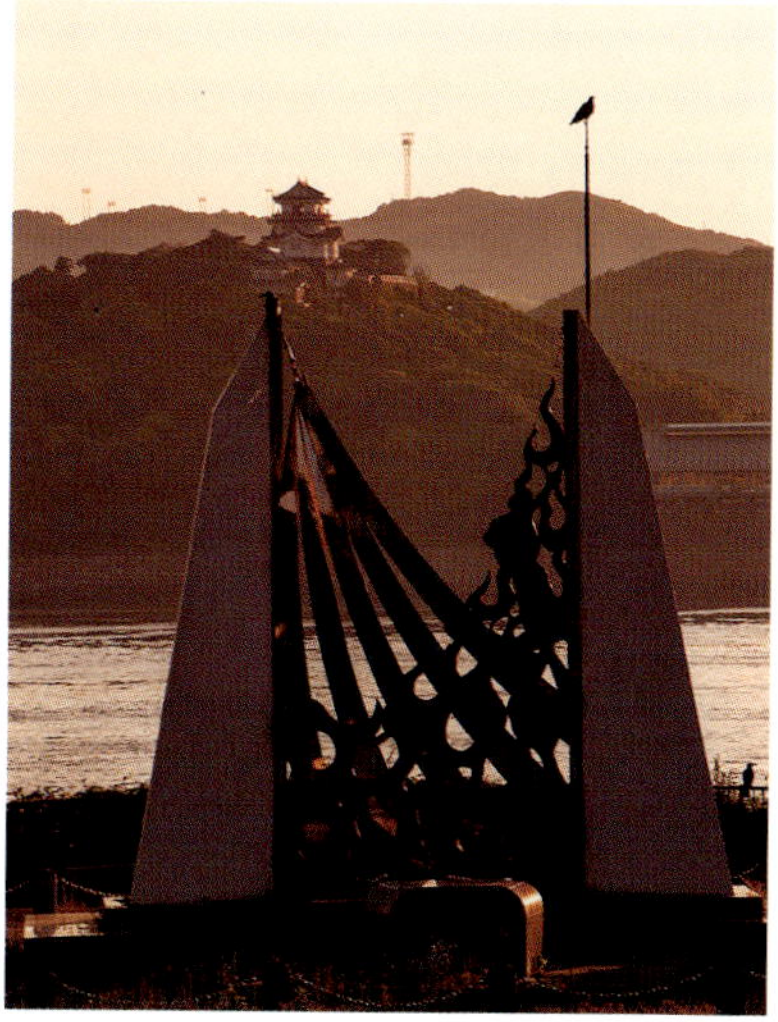

イタリア人宣教師・カミロ神父が火刑にされた焼罪（やいざ）史跡公園。海を挟んで平戸城が見える

長崎県・平戸市

平戸《ひらど》ザビエル記念教会《きねんきょうかい》

寺院の瓦と教会の尖塔が
織りなす景観は
港町・平戸ならでは

Data p.122

モスグリーンの外壁と白い尖塔が印象的だが、
向かって右側に塔がない

平戸島北部の、平戸港と市街地を見下ろす高台に立つ白亜の教会。ザビエルの名を冠しているが、現在の建物が落成したのは1931（昭和6）年のこと。当初は「カトリック平戸教会」と呼ばれていたが、1971（昭和46）年に聖堂脇に「ザビエル記念像」が建立され、教会の名称は「聖フランシスコ・ザビエル記念聖堂」と変化した。そして近年、正式名称を「平戸ザビエル記念教会」と改めた。

　明治の初めごろ、平戸の中心地には、カトリック信者はひとりもいなかった。1900（明治33）年に、五島列島から、7つの家族が平戸の山中に移住した。その後、五島だけでなく長崎の外海からの移住者も増え、1910（明治43）年には、木造2階建ての教会（今も平戸修道院として現存）が建った。そこからも信徒があふれ出すようになり、信徒たちは、新聖堂建立を目指して資金の積み立てを開始した。11年の歳月をかけて1930（昭和5）

寺の塀と瓦屋根の向こうに、おとぎの国の城のような教会がそびえ立つ風景は、かつて外国船が行き交う国際的な港だった平戸の歴史を象徴する風景だ

内部は入口付近からのみ拝観可。白いリブ・ヴォールト天井と赤い絨毯のコントラストが美しい

年に着工。建設はほとんどが人力で行われ、わずか1年で、堂々たるゴシック様式の教会が完成した。

当時としては最新の技術である鉄筋コンクリート造。明治から大正期の教会は木造や煉瓦造りが多いが、関東大震災を経て、より丈夫な鉄筋コンクリート造が主流になったのだ。内部は白と淡いクリーム色を基調とし、柱には、大理石を模したマーブル模様を手描きで施すなど、細部の装飾も見事だ。

教会の前に立ってみると、面白いことに気づく。中央に高い塔があり、向かって左側に低い塔。しかし、右側にはなぜか塔がない。「積み立てたお金が1万3000円。それに利子が1万2000円もついていました。でも、それでも資金不足のため、右側の塔ができなかったんです」。と、ガイドでカトリック信徒の高田久美子さんは言う。資金不足で設計変更を余儀なくされた教会だが、それが今日となってはこの教会の大きな特徴となっている。

長崎県・平戸市

宝《ほう》亀《き》教《きょう》会《かい》堂《どう》

里山風景の中に
忽然と現れる
異国情緒あふれる教会

Data p.122

祭壇の聖人像は1902（明治35）年にこちらの主任となったボア神父が本国フランスから購入したもの。像は、信徒たちが資材と同様に浜から背負って運んだ

平戸瀬戸を見渡せる小高い山の上に立つ、平戸に現存する最古の教会である。1865（元治2）年の信徒発見以降も、まだ禁教令は続いており、外国人の神父が平戸に来ることは禁じられていた。そのため当初は、神ノ島や黒島など、長崎県の別の地域から来た日本人宣教師が、カトリックへの復帰を説いて回ったという。

やがて禁教令が解け、1878（明治11）年に、現在とは少し離れた場所に小さな教会ができた。そして1887（明治20）年に赴任してきたマタラ神父の指導により現在の教会の建設が進められた。作業に当たったのは、五島列島の北・宇久島出身で、若いころ黒島で洗礼を受けた大工の棟梁だったと伝わる。材木や煉瓦などの資材は、外海や黒島、田平から大型船で運び、浜から信徒たちが背負って、この高台まで引き上げた。

この教会は、独創的な建築様式が魅力だ。まず、赤と白に塗り分けられた

1898（明治 31）年建立の教会で、木造から煉瓦造りへの過渡期に当たる作品としても貴重だ

側面には異国情緒あふれる南国風のテラスが付けられている

正面の壁。全体は木造だが、この壁と玄関部分の一間だけは煉瓦造り。しかし正面部分にはモルタルが塗られているため煉瓦は見えない。長崎の教会建築は、「木造→煉瓦造り→鉄筋コンクリート造」と変化して行くが、この教会は、木造から煉瓦造りへの過渡期に当たる作品としても貴重だ。

聖堂の左右の側面にテラスがあるのも特徴的だ。内部の左右の壁には、ガラス戸とそれを保護するための鎧戸がある。この戸は開くので、外側のテラスに直接出られる。これは、長崎市の旧グラバー邸など、外国人居留地に建てられた建造物と同じようなコロニアル様式である。コロニアル様式とは、17〜18世紀ごろのスペインやオランダ、イギリスの植民地に建てられた建造物の様式で、大きな窓や涼を取るためのテラスが造られるのが特徴だ。この教会を見た瞬間、「どこかエキゾティックだ」と感じるのは、この様式から受ける印象が強いためなのだろう。

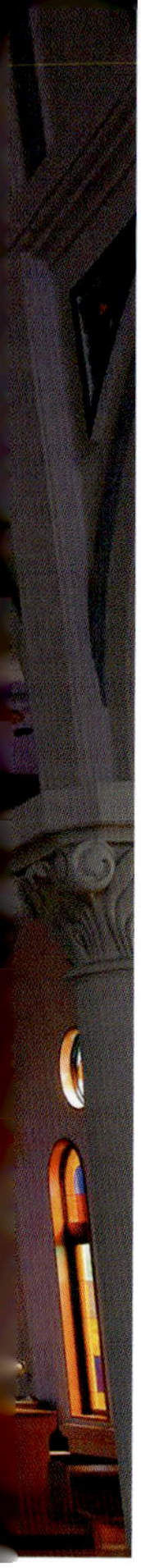

鉄川与助の手により建てられた、八角ドームの鐘塔を持つ2階建て鉄筋コンクリート造の教会

長崎県・平戸市

紐《ひも》差《さし》教《きょう》会《かい》

花柄模様の折上げ天井も美しい壮大な白亜の教会

Data p.122

天井の花の装飾も美しい

平戸島のちょうど中央あたり、紐差と呼ばれる地区にある、平戸一の規模を誇る教会。完成は1929(昭和4)年。旧浦上天主堂が原爆で倒壊し、新たに建てられるまでの一時期は、日本で最大の教会だったという。設計・施工に当たった鉄川与助は、関東大震災で煉瓦造りの建物が無残に倒壊したことを知り、新しい技術である鉄筋コンクリート造に取り組みはじめた。この紐差教会は、熊本市の手取教会に続く、2番目の鉄筋コンクリート作品である。

より多くの信徒を収容でき、より堅牢であることを目指した教会だが、その美しさも特筆に値する。青空をバックにした白亜の建物は、どこかヨーロッパの国の風景のよう。聖堂の入り口に向かう22段もの高い階段の下から見上げる八角形のドームにも圧倒される。

中に入ると、白を基調にした空間全体が、薄い赤色に染まっていた。床に敷かれた赤いじゅうたんに光が反射して、奇跡のような光景を作り出すの

ステンドグラスから差し込む色とりどりの光が美しい。天井は天板を「へ」の字に曲げて組み合わせる、船をひっくり返したような形の舟底天井

後方２階部分の楽廊に置かれたパイプオルガンは、ドイツから取り寄せたもの

だ。光を鑑賞した後は、上を見てみよう。長崎の教会によく見られるリブ・ヴォールト（こうもり天井）とは違う舟底天井で、花の装飾が施されている。シンプルかつ明快で、どこか「和の美」も感じさせる不思議な魅力がある。

この教会のもうひとつの大きな特徴は、十字架に捧げられた教会であるということだ。カトリック教会は、それぞれに「聖母マリア」など守護聖人を持っている。それは通常は人物なのだが、この教会はキリストが命を捧げた十字架そのものを讃えている。そのためか、堂内には多くの十字架が見られる。とりわけ内陣中央の祭壇に祀られた十字架に光が当たる瞬間が美しい。

キリシタンの歴史・文化がわかる2つの博物館

平戸市切支丹資料館

Data p.122

平戸島の真ん中あたりにある根獅子の里は、住民のほぼ全員がキリシタンだった。禁教が始まった後も、彼らは仏教や神道に関わりつつも、キリシタン時代の組織を維持し、信仰を継承した。

ここ根獅子《ねしこ》や生月島では、「納戸《なんど》神《がみ》」といって、家の一番奥の納戸に、キリストやマリアの姿を描いた掛け軸のようなものを祀るのが特徴だ。家の中には、神棚や仏壇もあるため、納戸の扉を閉めてしまえば、キリシタンの家とはわからない。

この資料館は、その納戸の展示が中心となる。建具はレプリカだが、その中に掲げられた「納戸神」は、実際に、かくれキリシタンの家で御神体として祀られていたものだ。納戸の柱をくり抜いた中に祀られていたという小さな御神体、禁教令以前に平戸に運ばれてきたと思われる革の箱に入った聖フランシスコの肖像なども、すべて根獅子のキリシタンの家に代々伝わってきたものである。

根獅子のキリシタンたちは、禁教令が解けて以降も、カトリックに復帰しなかった。しかし、後継者不足などにより、江戸時代以来連綿と続いてきた根獅子のかくれキリシタンの組織は、1992年に解散した。

この資料館に隣接する「ウシワキの森」は、悲しい殉教の物語が伝わるかくれキリシタンの聖地だ。近くの浜には、「おろくにん様」（ウシワキの森に祀られる殉教した6人の家族）など、70人のキリシタンが処刑されたと伝わる昇天石もある。

里人の身代わりとなって浜の小岩で処刑されたと伝わる「おろくにん様」は、一家６人の総称。資料館に隣接するウシワキの森は「おろくにん様」が眠る聖地だ

弾圧の目を逃れるため、かくれキリシタンたちは柱をくり抜いた場所や、家の奥深くの納戸に御神体を祀り、密かに礼拝を行って信仰を守り続けた

キリスト教伝来から 400 年。禁教以前に伝わった聖フランシスコの写真は、革の箱に入れられ、大切に守り伝えられてきた

平戸市生月町博物館 島の館

Data p.122

ここでは、捕鯨とキリシタンという、生月島で栄えた2つの文化に関する展示物を見ることができる。この島には日本一の鯨組だった益冨組《ますとみぐみ》の本拠地があったが、それとかくれキリシタン信仰が継承されたことは無関係ではないと、学芸員の中園成生さんは推測する。

「キリシタンは、キリスト教だけでなく、神道、仏教の行事も行わねばなりません。それにはお金がかかります。この島は捕鯨によって潤っていたため、同時にたくさんの神仏を信仰することができたのでしょう」

生月では、禁教令が解けて以降も、古来の信仰形態を守り続ける人が多かった。カトリックに復帰すれば、先祖の位牌も捨てねばならず、代々受け継いできた風習を続けられなくなるというのが理由のひとつだ。キリシタンの伝統は今もこの島に息づいており、その中で使われてきた道具類を見ると、当時の信仰がどのような形で継承されてきたかがわかる。

「おまぶり」は、生ずきの白紙を5センチの十字型に切り抜いたもので、聖なる水で清めて死者に持たせたりする。「オテンペンシャ」は、麻縄を束ねたもので、お祓いのような儀式に使われるが、もとは、カトリック教徒が悔い改めるために自らの体を打つ鞭に由来している。聖母子をはじめとするさまざまな聖人の姿を描いた聖画もある。どれも、もとの像が想像できないほどデフォルメされており、イマジネーションの豊かさに驚かされる。

半紙を十字に切り抜き、聖水で清めて御魂入れをした「おまぶり」は、死者の捧げ物として使われた

資料館の2階には、かくれキリシタンの家に納戸神などを祀る様子が再現されている

カトリックの教会の苦行の鞭を由来とする麻縄を束ねた「オテンペンシャ」。悪霊や病気祓いに使われた

生月の「お掛け絵」は、聖母子や聖人の像を和様化した聖画。「お洗濯」と呼ばれる描き替えを重ねて、受け継がれてきた

長崎県・平戸の聖地と集落

春日《かすが》集落《しゅうらく》と安満岳《やすまんだけ》

潜伏キリシタンたちも拝んだ聖なる山と美しい棚田風景

平戸には、教会や殉教者にちなんだ聖地以外にも、キリシタンにまつわる重要な場所がある。平戸島の中央部にある市内最高峰の安満岳、その麓にある春日集落、そして、生月島と平戸島の間に浮かぶ無人島、中江ノ島の3つである。

安満岳は、標高536メートル。キリスト教伝来以前から山岳信仰の霊地であった。山頂には石川県の白山比売神社の末社である白山神社が鎮座している。718（養老2）年に白山信仰の開祖、泰澄《たいちょう》が勧進したとされているが、中世には密教寺院が設けられ、平戸地域における仏教の中心地のひとつとなっている。

16世紀後半には、この山の寺院の僧侶が大きな力を持ってキリシタンと敵対したが、キリシタンが禁教となった後は、潜伏キリシタンたちも、山頂にある「奥の院」と呼ばれる石祠を信仰するようになった。安満岳には頂上にいたる古い参道が残されており、徒歩で登ることもできるが、現在は中腹ま

安満岳山頂へと至る白山神社の参道。周囲はアカガシやスダジイなどの照葉樹林の原生林に覆われている

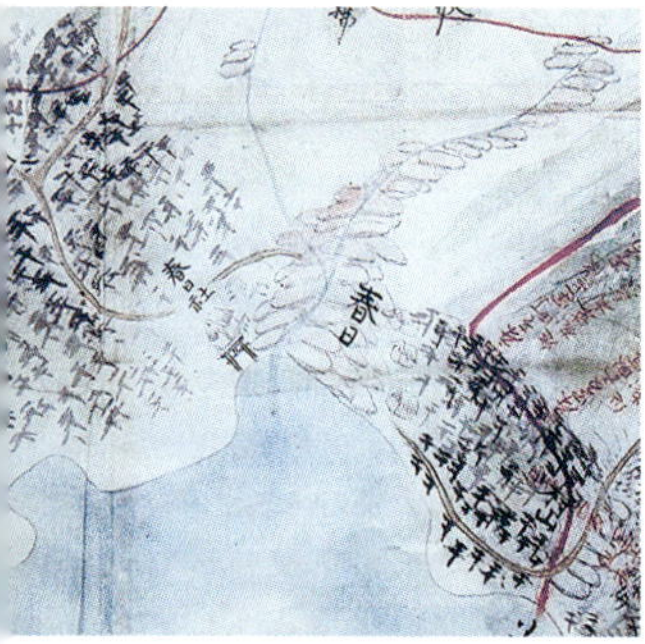

江戸時代の春日集落図。海岸から棚田が続いていた様子が見て取れる

禁教時代、幕府の目から逃れるために立てられた三界萬霊塔

安満岳西側に位置する春日集落は、江戸時代からほぼ変わらない姿を残している。人々は禁教時代も、棚田で米を作り生計を維持し、潜伏キリシタンとして信仰を守り続けた

で車で登れるようになった。そこから山頂までは徒歩で30分ほどだ。

春日集落は安満岳の麓にあり、キリスト教伝来のころは、教会や十字架も建てられ、たくさんのキリシタンがいた。禁教令後、住民は安満岳の寺院の影響下に戻り、神社も設けられたが、キリシタン信仰の形態も「キリシタン講」と呼ばれる組に拠る形で継承された。その組織も1998（平成10）年ごろに途絶えたが、住民は今も、かつて十字架が立てられていた丸尾山という丘を聖地として大切に守っている。

16世紀にはポルトガル人宣教師のアルメイダも訪れたことのある春日集落だが、19世紀のキリスト教の解禁後もカトリックに復帰した人はいなかったため、教会は存在しない。しかし、この集落の棚田風景は、江戸時代の絵図と比較しても、現在にいたるまでほとんど変わっていない。この棚田の稲を実らせるのは、霊山、安満岳から湧き出す豊かな水である。

中《なか》江《え》ノ《の》島《しま》

キリシタンが崇敬した聖なる島

中江ノ島は、生月島のかくれキリシタンにとって最高の聖地である。長崎周辺の各地では、禁教令以降も、多くの外国人宣教師が潜伏して布教を続けていた。その中のひとり、イエズス会のカミロ神父は、一度はマカオに追放されたが再来日して活動していたが、五島で捕えられ、平戸瀬戸に面した焼罪《やいざ》で火刑に処せられた。そして神父を助けた多くの日本人信徒も中江ノ島で処刑された。ヨハネ坂本左衛門という信徒の3人の子供は、一緒に昇天できるようにと、ひとつに縛られたまま海に投げ込まれたという。

かくれキリシタンたちは、そのような悲しい歴史を持つこの島を「サンジュワン様」と呼び、聖域として信仰した。お授け（洗礼）や、「おまぶり」を清めるために使う聖水を取る行事も、この中江ノ島で行われてきた。現在、観光客が上陸するための交通手段はないが、平戸島の北部の海岸から眺めることができる。

かくれキリシタンはこの殉教地を「サン・ジュワン様」と呼び、聖地として拝んでいる

生月島と平戸の間にある無人島，中江ノ島。焼罪で処刑されたカミロ神父の布教を助けたヨハネ坂本左衛門ら４人とその家族がここで処刑された

長崎県・平戸市生月島

生月島《いきつきしま》

弾圧を受けても信仰の火をともし続けた島

Data p.122

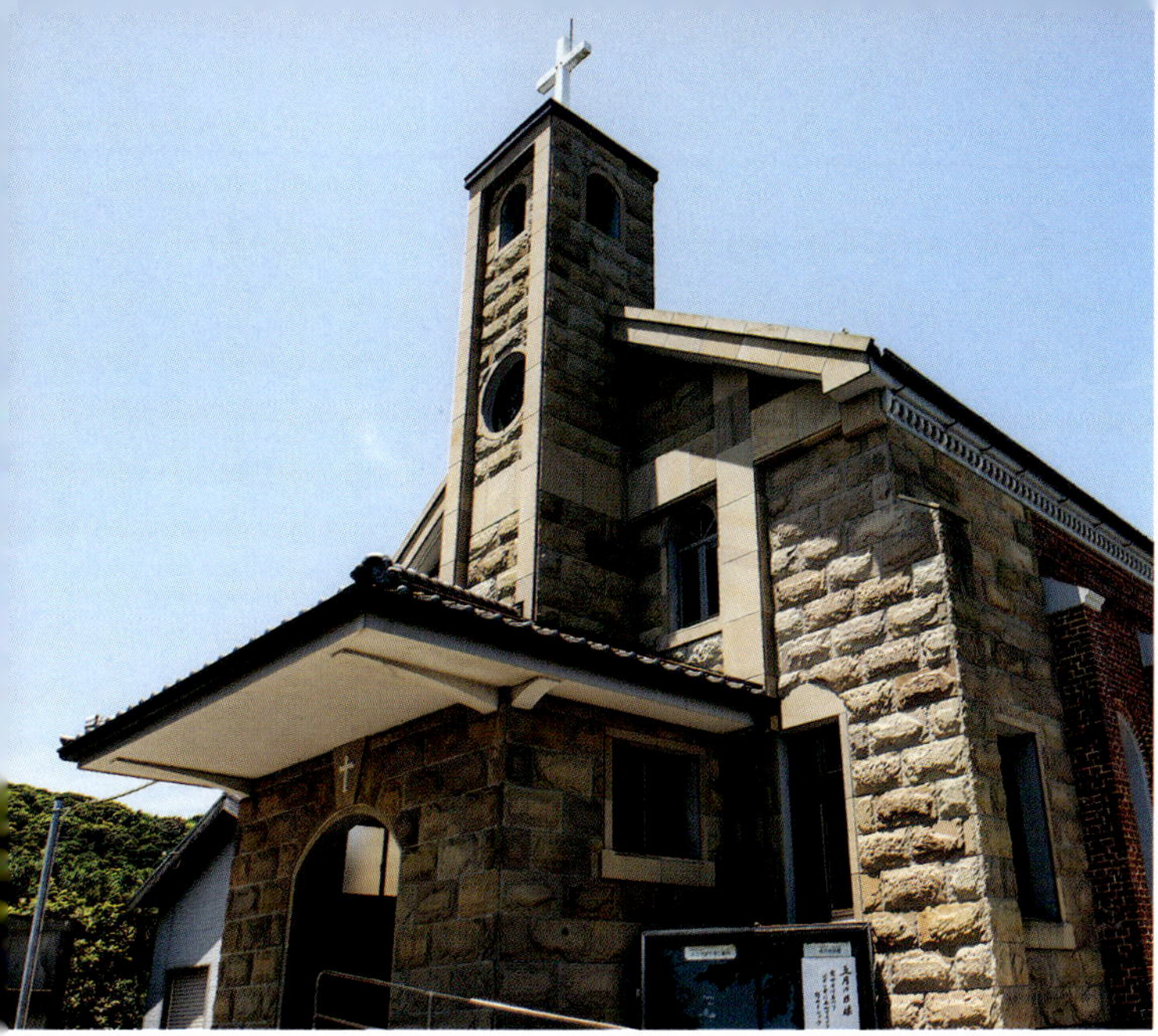

1912（大正元）年に鉄川与助の手によって完成したロマネスク様式の山田教会。本体は煉瓦造りで、正面の壁と玄関は、新築当時は木造だった

聖地・中江ノ島を望む黒瀬の辻。1558（永禄元）年の一斉改宗の時に十字架が建てられた場所で、1609（慶長14）年にガスパル西が斬首された

生月島は、平戸藩主の松浦隆信の重臣、籠手田安経・一部勘解由の領地で、領民のほとんどすべてがキリシタンだった。松浦隆信の死後、籠手田・一部氏は600人の家臣を連れて長崎に亡命。家臣の西玄可（ガスパル西）は残ってキリシタンたちを指導し続けたが、1609（慶長14）年、キリシタン時代に十字架があった「クルス（黒瀬）の辻」で処刑された。

生月では明治以降もかくれキリシタン信仰をそのまま守る人が多かったが、1878（明治11）年に平戸に来たペルー神父の働きかけにより、カトリック信徒となる人々が現れた。それが現在の山田地区の信徒の祖先である。

山田教会は、鉄川与助の作品だ。内部には、1990年代に当時の神父が収集した蝶の羽で作られた色鮮やかな「七つの秘蹟」の装飾画が飾られている。聖堂前には、ガスパル西の息子で、カトリックの聖人に列せられた聖トマス西の記念碑もある。

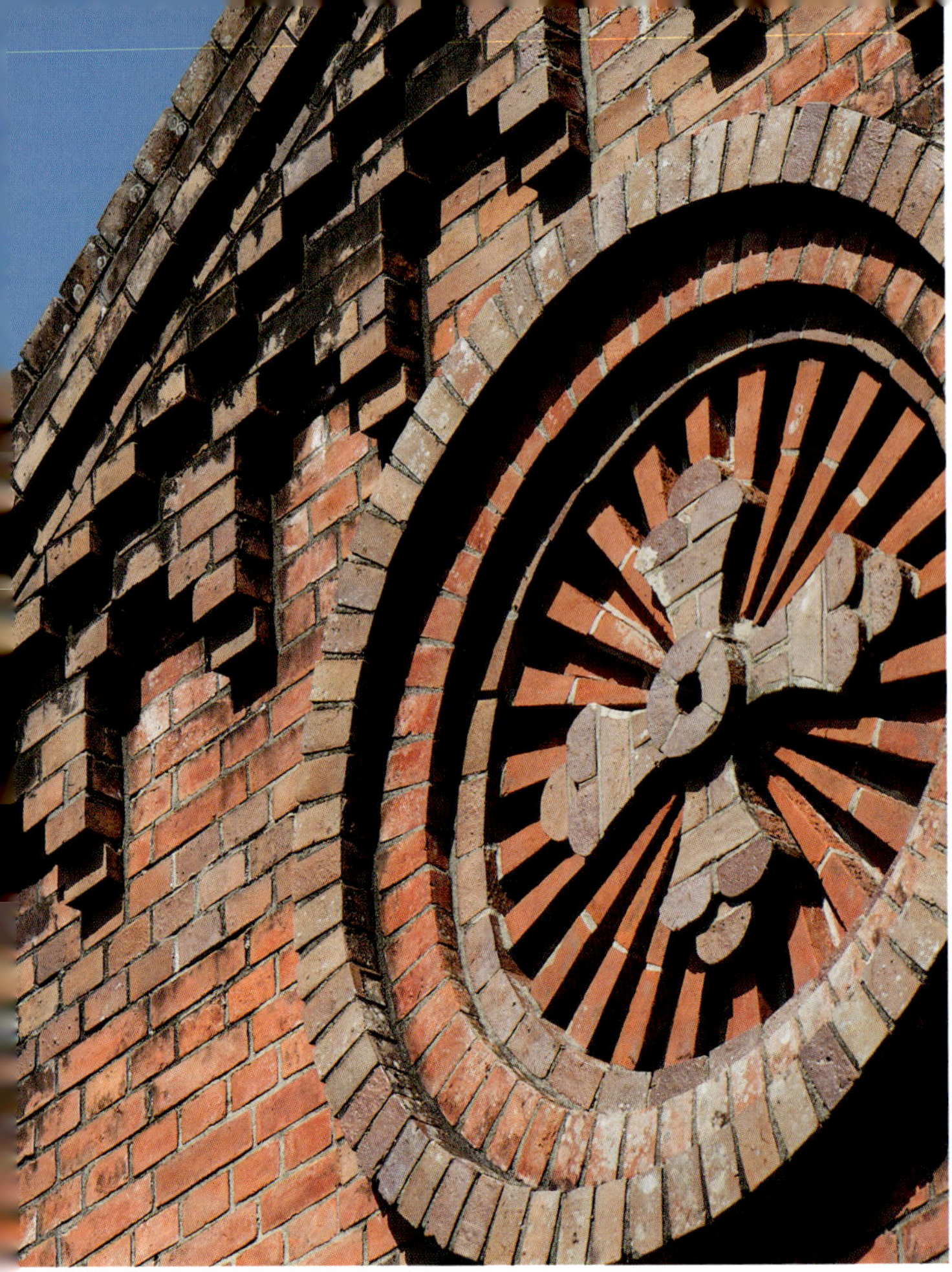

八角形ドーム型の鐘塔は鉄川与助独自のデザイン。煉瓦積みの手法、装飾など細部にもこだわりが

長崎県・平戸市田平町

田《た》平《びら》天《てん》主《しゅ》堂《どう》

鉄川与助の最後で最高傑作の煉瓦造りの教会

Data p.122

１９１８（大正7）年に鉄川与助の設計・施工で建てられた大傑作である。長崎県の本土部分の最北端、緩やかな坂道を登りつめると、ふいに視界が開け、教会の堂々たる姿が目に飛び込んでくる。周囲に広がる牧草地、遥かな青い海と対岸の平戸島。何度訪ねても、一瞬「これは本当に日本の風景か」と驚くほどの絶景だ。

教会が立つ田平地区は１８８６（明治19）年に、黒島天主堂のラゲ神父が自費で土地を買い、３戸の家族を移住させたことから始まる。続いて外海の出津《しつ》教会のド・ロ神父も、４戸の家族を移住させた。彼らがもといた場所は人口が増加し過ぎたため、新天地を求めたのである。移住者は次第に増え、大正初期には80戸ほどの集落となった。１８８８（明治21）年にはすでに仮聖堂が建てられていたが、１９１４（大正3）年に赴任した中田藤吉神父の勧めにより、煉瓦造りの教会を建てることになった。資金集めは難航したが、

ロマネスク様式の荘厳な赤煉瓦造り。煉瓦の繋ぎには、ミナの貝殻を焼いた石灰が用いられている

黒島や外海から移住してきた信徒たちも教会造りに従事した。教会の傍らには信徒たちが眠る墓地がある

フランスの篤志家から4000円の寄付があり、信徒たちの労働奉仕により工事が進められた。そのさなか、作業場の崩壊により死者が出る惨事もあった。この教会では、今もフランスの恩人や事故の犠牲となった人のためのミサが、毎年挙げられている。

　苦労を重ねてようやく完成した田平天主堂は、鉄川与助の煉瓦造りの教会としては、最後にして最高の完成度を誇る作品となった。鑑賞ポイントはいくつもあるが、まずは周囲を1周してみよう。正面、側面、背面、どこから見ても完璧に絵になるため、誰もが写真を撮りたくなる。とりわけお勧めは真正面から見る3層の鐘楼だ。2階部分にある3連の半円アーチ窓の凝った意匠にも注目したい。その前の石段の下から見上げるアングルもよい。

次に細部をよく見る。煉瓦の積み方が多彩で、それ自体が装飾の一部となっている。側面の入り口上にある十字架の装飾も、すべて、さまざまな形にカットした煉瓦の組み合わせでできている。

内部は、全体が白、装飾的な部分が、一部金色で塗られている。リブ・ヴォールト天井や、コリント式の装飾がある柱も本格的である。ステンドグラスは、2階部分は1989（平成元）年に、1階部分は1998（平成10）年に一新された。2階のステンドグラスはドイツに発注したもので、中央の祭壇上部にはこの教会の守護聖人である日本二十六聖人が描かれている。1

ステンドグラスは１階部分はイタリア製で、２階部分はドイツ製。
聖書などから題材を得て製作された

階部分のステンドグラスはイタリア製。こちらは聖書の中のさまざまなシーンを美しい色彩で描いている。昼間、光が差し込む時間も美しいが、夜のミサが行われる時間には、内部からの光で浮かび上がるステンドグラスを外から見ることができる。この世のものとは思えない美しさだが、これは運次第。もしもその時間に行けたとしても、ミサの際に中に入るのは遠慮したい。

平戸瀬戸を望む小高い丘に立つ田平天主堂。まるで異国を訪れたかのような美しい風景が広がっていた

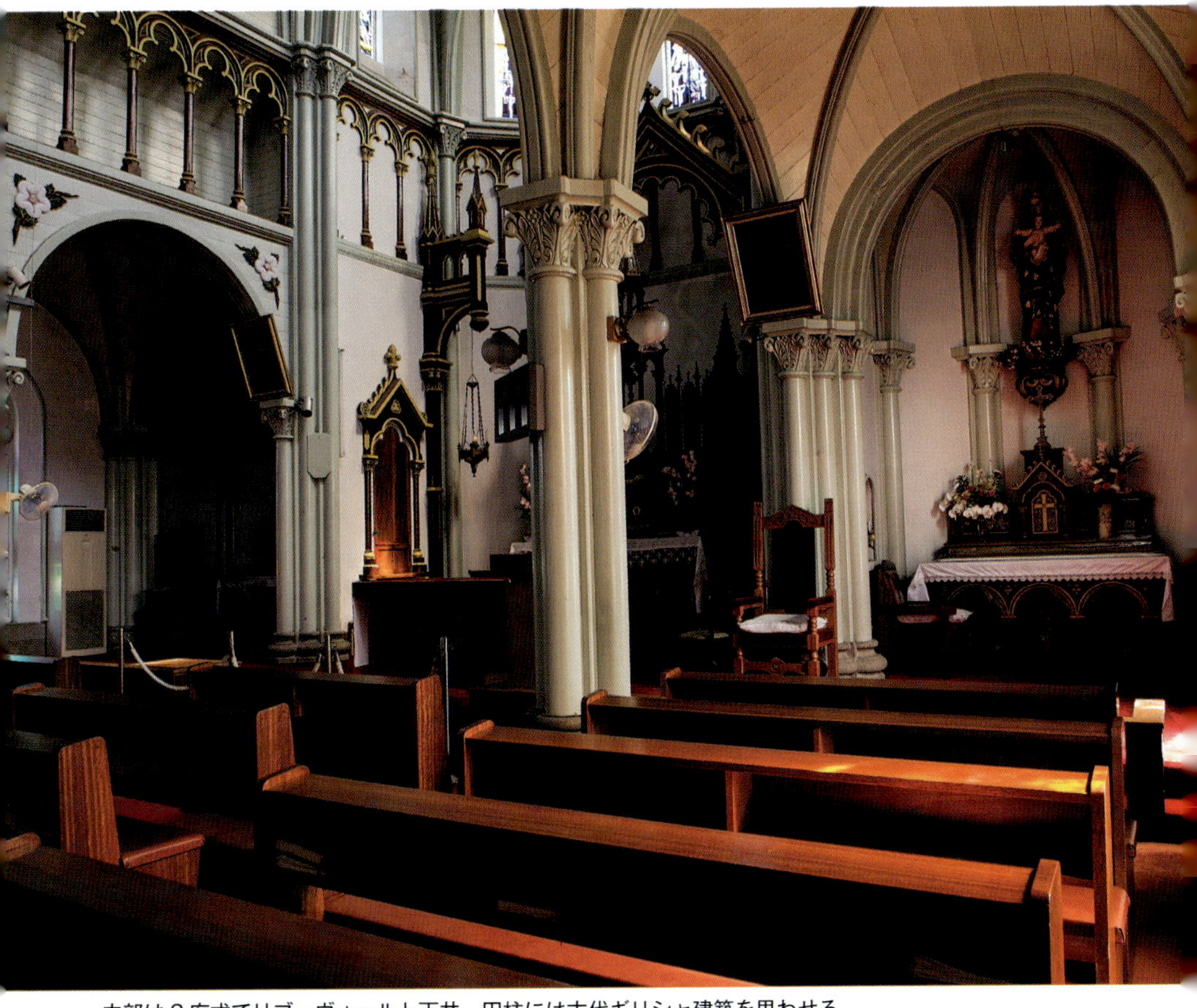

内部は３廊式でリブ・ヴォールト天井。円柱には古代ギリシャ建築を思わせるコリント式の優雅な柱頭飾りが施されている

内部は３層構造の本格的な教会建築。基礎には黒島特産の黒島御影石、祭壇の下には有田焼のタイルなど、地域の材料が使われている

長崎県・佐世保市

黒島天主堂《くろしまてんしゅどう》

多くのキリシタンたちが移住し潜伏した島の美しい天主堂

Data p.122

黒島は九十九島《くじゅうくしま》最大の島で、佐世保の少し北側にある相浦《あいのうら》の港からフェリーで50分。人口は約５００人で、そのうちおよそ8割がカトリック教徒だ。

黒島という名前の由来は、樹木が茂って黒く見えたためという説と、「クルス（十字架）の島」が訛ったという説があるが、「もうひとつ、この島の人々が苦労したから、という説もあるのです」と、代々カトリック教徒でボランティアガイドを務める大村正義さんは言う。

この島は、外海、五島、平戸島など、潜伏キリシタンが多かった地域を結ぶ線が交わる洋上交通の要衝であったため、江戸時代後期、多くのキリシタンたちが新天地を求めて各地からこの島に移住してきた。しかし耕せる土地には限りがあり、明治以降、平戸や佐世保、田平などに、さらなる移住をせざるを得なかった。

そのような苦労を共にした人々だけに、結束も固かったのだろう。

らせん階段付きの木造の説教壇には、手先が器用だったマルマン神父の手彫りの彫刻が施されている

樹木が黒々と生い茂る黒島、かつては御影石の産地としても知られていた

黒島天主堂の後方、祭壇部分の外壁。威風堂々とした円形の煉瓦積みの外壁が特徴的だ

1865（元治2）年の信徒発見のわずか2カ月後には、黒島から20名もの信徒が大浦天主堂に赴いて信仰を告白した。その後神父がこの島を訪れて、信徒の総代である出口大吉《でぐちだいきち》の家で、黒島初のミサが行われた。その結果、すべてのキリシタンがカトリックに復帰した。現在その家があった場所には、「信仰復活之地」と彫られた記念碑が立っている。

1880（明治13）年に最初の木造教会が完成し、修道会も早々と設立された。1897（明治30）年、マルマン神父が赴任し、自分の任務は煉瓦造りの聖堂を建てることだと宣言。設計も自ら行い、工事が始まった。しかし、計画があまりにも壮大だったため、予算が足りず中断。結局神父がほとんどの資金を集め、1902（明治35）年に完成した。その後神父は一時フランスに帰国するが、黒島に戻って一生を終えた。島の誇りであるこの立派な教会を建ててくれたマルマン神父は、今も、人々から深く敬愛されている。

フランス人の手によって設計されたためか、この教会は、長崎の他の教会と比べても、よりヨーロッパの教会に近い風格を持っているように思える。どっしりとしたロマネスク様式。内部のリブ・ヴォールト天井や柱の連なりも見事である。珍しい木製のシャンデリア、イエス像などは、マルマン神父がフランスから取り寄せたもの、祭壇向かって右側にあるらせん階段が付いた凝った造りの説教壇は、マルマン神父自らが作ったものだ。そうした中にも、地元の信徒たちの努力の痕跡が数々見つかる。扉や天井板の美しい木目、実はこれすべて刷毛で描かれたもので、「櫛目引き」といわれる。より高級な木材に見せるための工夫だが、ガイドの大村さんによれば、「上手に描けているところと、それほどでもないところがある。難しい技法に慣れるまで時間がかかったのでしょう」とのこと。

祭壇の下には、日本で初めて工場生産された有田焼のタイルも敷かれている。すべてを西洋式にするのではなく、地元のよい素材も取り入れる柔軟な発想が素晴らしい。

内観はアーケード、トリフォリウム、高窓を備えた壮大な空間だが、天井をよく見ると、その木目はすべて手描き。資金不足のため安価な板に木目を描いたのだという。まさに信徒たちの努力の結晶だ

貧困の犠牲となる子どもたちの養育事業にも力を注いだマルマン神父

マルマン神父への感謝の思いは、子どもたちにも引き継がれている

城塞のような四角い鐘塔を
持つ天主堂は、今も黒島の
シンボル的存在だ

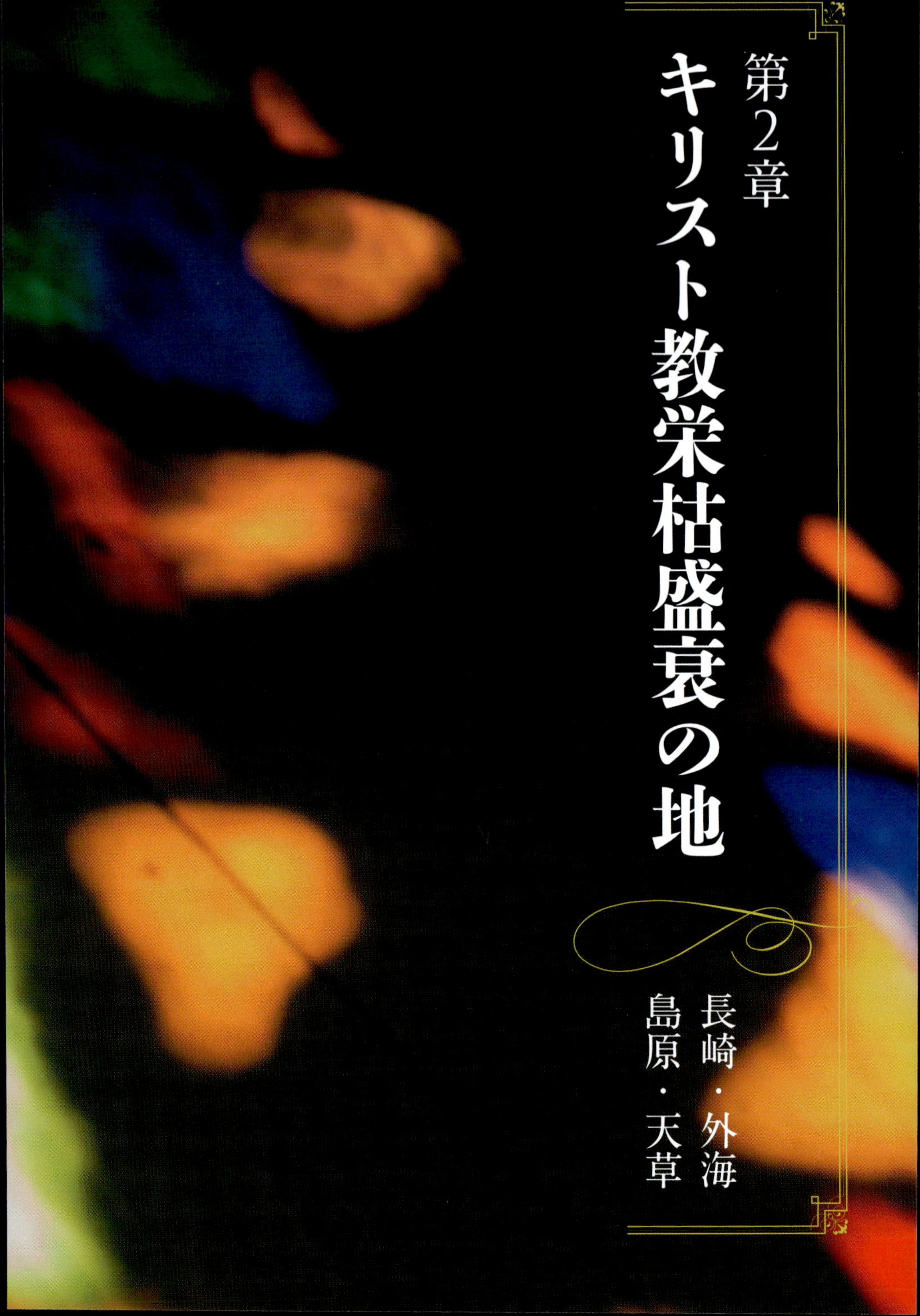

第2章

キリスト教栄枯盛衰の地

長崎・外海
島原・天草

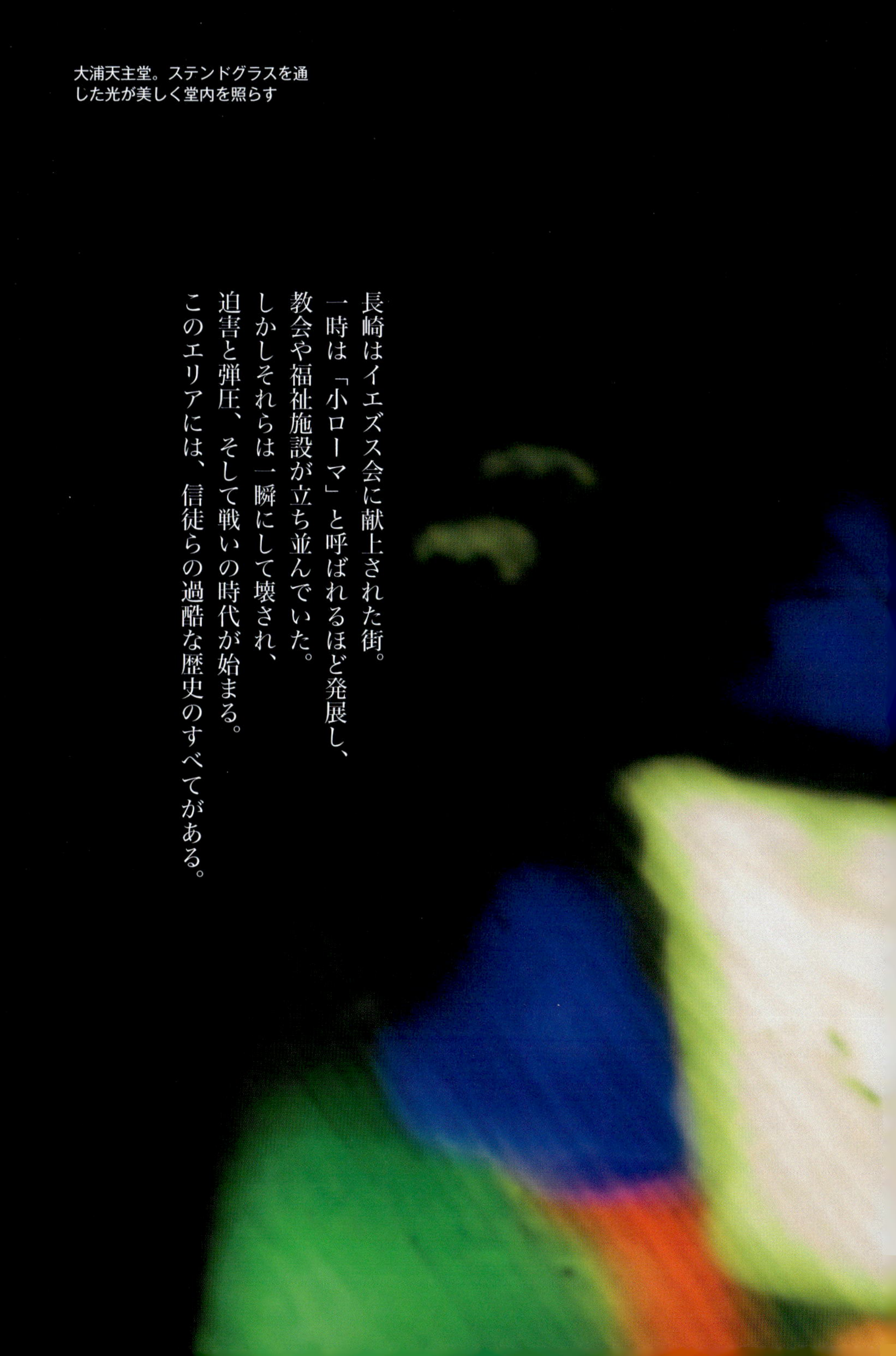

大浦天主堂。ステンドグラスを通した光が美しく堂内を照らす

長崎はイエズス会に献上された街。
一時は「小ローマ」と呼ばれるほど発展し、
教会や福祉施設が立ち並んでいた。
しかしそれらは一瞬にして壊され、
迫害と弾圧、そして戦いの時代が始まる。
このエリアには、信徒らの過酷な歴史のすべてがある。

長崎　教会の歴史をたどる

現在、長崎で見られる教会は、それぞれに異なる歴史的背景を持つが、ある部分は重なり合い、この街の重層的な魅力を形作っている。まずは、ここが小ローマと呼ばれるほど繁栄した16世紀後半から話を始めよう。

初のキリシタン大名となった大村純忠は、ポルトガルとの貿易による収益拡大のため、当時はまだ小さな漁村に過ぎなかった長崎を開港。1580（天正8）年に、この地をイエズス会に寄進する。次々に教会が建てられ、多くの人々がキリシタンとなったが、1587（天正15）年に、豊臣秀吉により「バテレン追放令」が出され、1597（慶長2）年、京都や大坂で捕えられた外国人宣教師と日本人の信徒、合わせて26名が、西坂の丘で磔刑に処せられた。殉教地となった西坂の丘には、1962（昭和37）年に日本二十六聖人記念館が建てられた。

日本二十六聖人記念館では二十六聖人の殉教に関する資料を展示している

1612（慶長17）年、徳川家康は禁教令を発布し、長崎にあった教会はすべて打ち壊された。禁教令に従わなかった人々は、キリシタン大名の有馬晴信がイエズス会に寄進した地域で、古くからキリシタンが多かった浦上村や、当時は船でしか行けない辺ぴな土地だった外海に潜伏した。江戸時代初期、バスチャンと呼ばれる日本人伝道師が外海に隠れ住み、カトリックの祝日を記したバスチャン暦及び、「七代後に神父がやって来る」という予言を残す。これを拠り所に、浦上村や外海のキリシタンたちは、250年もの間、密かに信仰を守り続けた。

幕末になり、外国人居留地に隣接する土地に大浦天主堂が建てられた。1865（元治2）年、浦上村からやってきた人々が、フランス人のプティジャン神父のもとで、「自分たちはキリシタンである」と告白する。それが契機となり、明治初頭に「浦上四番崩れ」と呼ばれる大規模な弾圧も起きるが、やがて禁教令が解かれ、浦上村には壮麗な浦上天主堂が、外海には、ド・ロ神父により出津教会、大野教会が建てられた。外国人神父たちは、信仰の指導だけでなく、貧しい信徒たちの生活を支えるための活動も行った。

16世紀から17世紀の長崎には多くの教会が立ち並んでいた。写真はサント・ドミンゴ教会跡

キリシタン大名、有馬晴信の領地であった島原にも、キリスト教文化が花開いた。1580（天正8）年、日本初のセミナリオ（日本人の子弟にキリスト教に関する教育を施す施設）が、続いて大学に当たるコレジヨも設置された。伊東マンショや中浦ジュリアンなど、天正遣欧使節の4少年もこの学校の出身だった。

有馬氏の断絶後、島原ではキリシタン弾圧が厳しくなり、1637（寛永14）年、天草四郎を総大将とする日本の歴史上最大規模の乱が起きる。これは、過酷な年貢取り立てに疲弊した農民たちによる一揆という側面も持っており、対岸の天草の人々も加わわったため、島原・天草一揆と呼ばれている。一揆軍は、かつて有馬氏によって建てられた原城に立てこもった。農民側の死者2万7000～3万7000と言われる、壮絶な戦いであった。

これにより、島原半島南部と天草の島原湾側の人々の大半が死亡。キリシタンは根絶したかに思われた。しかし天草は広く、少数ながらキリシタンの集落が残った。禁教令が解けた後、そこに外国人神父が赴任し、教会が建てられた。

﨑津教会は典型的な日本の漁村である﨑津集落にあり、ゴシック式の塔が印象深い。

「信徒発見」の舞台となった大浦天主堂は現存する最古の洋風教会建築。創建時の天主堂には側面に24個の尖塔アーチ型の窓があったという

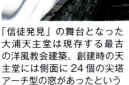

長崎県・長崎市

大《おお》浦《うら》天《てん》主《しゅ》堂《どう》

「信徒発見」の歴史的舞台となった
国内現存最古の天主堂

Data p.123

1858（安政5）年、日米修好通商条約により長崎は開港された。同時期に二十六聖人が列聖されたこともあり、ヨーロッパの宣教師たちは、ぜひ、日本に行ってみたいと願うようになった。1863（文久3）年、フランスのパリミッション会（パリ外国宣教会）の神父が長崎にやって来て、大浦天主堂の建設に着手した。工事は難航したが、翌年暮れには完成し、二十六聖人に捧げるため、「日本二十六聖殉教者聖堂」と名付けられた。

現在の建物は、1879（明治12）年に増改築されたもの。完成当初は、真ん中の塔に加えて両サイドに小塔が2本立つ、ひじょうに華やかな建物で、長崎の庶民たちはこぞって見物に出か

信徒たちが「パライソの寺」と呼んだ大浦天主堂。「パライソ」とはキリシタン用語で天国（パラダイス）のことを言う

けたという。そして、１８６５（元治２）年３月17日、世界を驚かせた「信徒発見」という出来事が起きる。

初代主任司祭のベルナール・プティジャンの前に、浦上村から見物人を装ってやってきた杉本ゆりら十数人の信徒が進み出て「わたしどもは、全部あなた様と同じ心でございます」と信仰を告白し、「サンタマリアの御像はどこ？」と尋ねた。日本にやってくる神父は事前に沖縄で日本語を身につけていたため、会話は日本語で行われた。

プティジャン神父は、その翌日に、この時の詳しいいきさつを本国に書き送っている。それほどこの出来事は、神父に深い感銘を与えたようだ。

そしてその日から１５０年後の２０１５（平成27）年の３月17日に、

「信徒発見百周年記念の碑」には、浦上村の信徒たちがプティジャン神父に信仰を告白する場面が描かれている

天主堂内に今も安置されている、信徒発見のサンタマリア像

洗礼室陣の中央に置かれた洗礼台

「信徒発見150周年」のミサがこの天主堂で行われた。ミサにはローマ教皇からの書簡を携えた特使も参列した。闇の時代を乗り越えて信仰を貫いた日本人信徒たちに、賛辞と祝福の言葉が贈られた。信徒発見は、今もって、世界でも稀な奇跡と見なされているのだ。

「プティジャン神父は、もしかすると、どこかにキリシタンが潜伏しているのではないかと思っていたようです。しかしそれは根拠のない希望だったので、信徒たちが自らやって来て信仰を告白

大浦天主堂入口の正面に立つ「マリア像」、「信徒発見」を記念してフランスから贈られたもので、プティジャン神父により「日本之聖母像」と名付けられた

堂内はリブ・ヴォールト天井と呼ばれるこうもり傘を広げたような形。尖塔式アーチ形の窓を持つ、本格的な洋風建築だ

ステンドグラス越しの光が二十六聖人の絵を照らす奇跡の瞬間

した時の感動は並々ならぬものだったでしょう。ですから、わたしたち信徒にとっての一番の宝は、この時、杉本ゆりがどこにあるかと尋ねたサンタマリアの御像なのです」と、諸岡清美主任司祭は語る。その奇跡の証人のようなサンタマリア像は、今も天主堂内の右奥に祀られている。

「プティジャン神父の墓碑も大切です。神父はここで亡くなり、地下に埋葬されていますが、その墓碑は天主堂内の壁に埋め込まれ、誰でも前に立って祈ることができます。遠い国からやってきて、日本人信徒のために働き、骨をうずめてくれた偉大な方です」

諸岡司祭のお勧めの時間帯は午前中、しかも真冬がもっともよいという。9時～10時ごろ、ステンドグラスから差し込む光が、右側の壁の上部に掲げられた二十六聖人の殉教を描いた絵画を照らし、奇跡のような美しさとなる。時間の経過とともに、光の様子も変わるので、できれば長めに滞在したい。

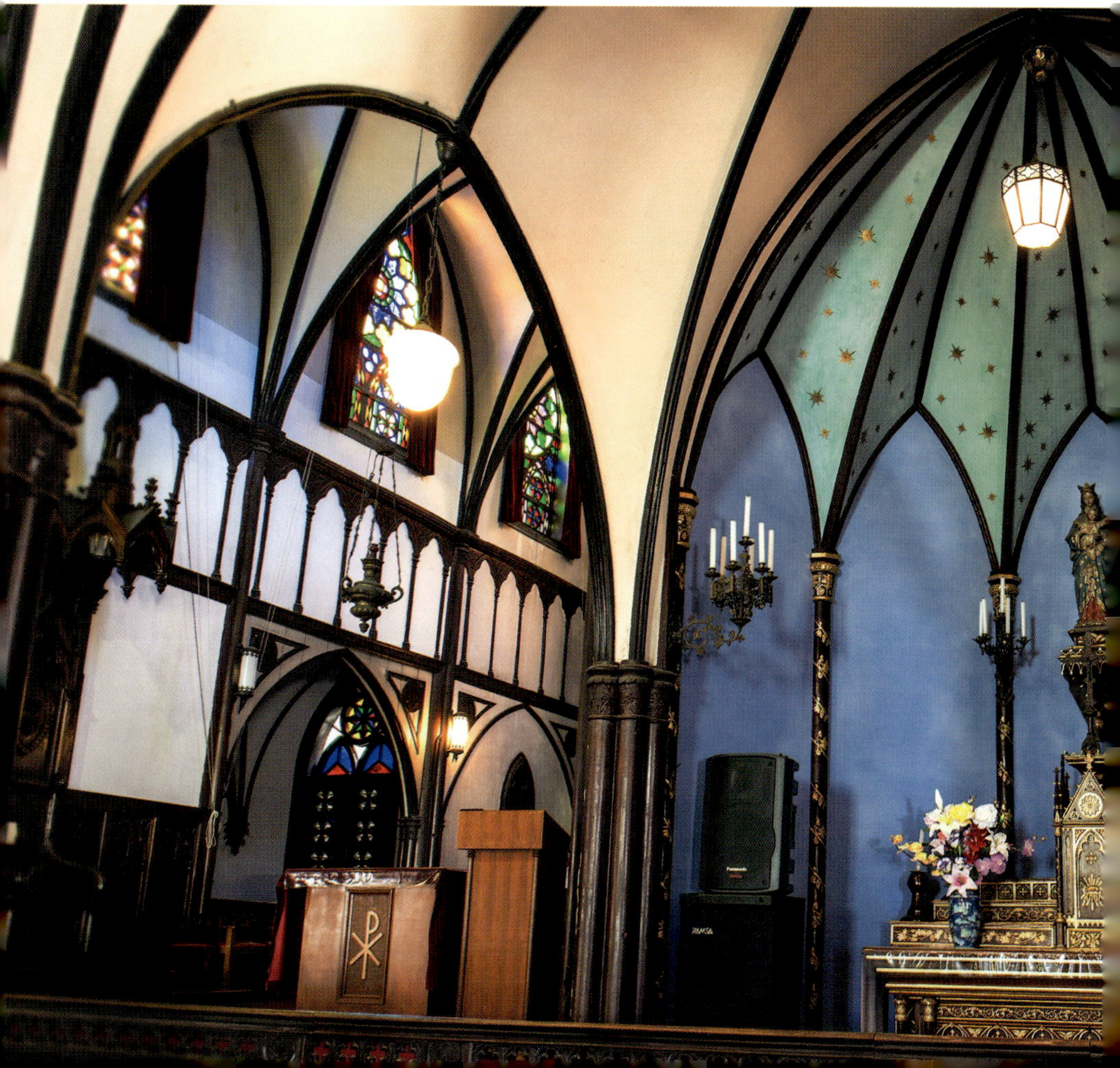

処刑された26人が昇天する様子が描かれている

長崎県・長崎市

日本《にほん》二十六《にじゅうろく》聖人《せいじん》記念《きねん》聖堂《せいどう》 聖フィリッポ教会

西坂の二十六聖人殉教地の傍らに立つモザイク模様の教会

Data p.123

　キリスト教の伝来以降、織田信長は外国人宣教師がもたらす西洋文化を積極的に取り入れたが、続く豊臣秀吉は、信徒を増やし続けるキリスト教に対し、次第に警戒心を抱くようになった。そして、1587（天正15）年にバテレン追放令を発布。この時はまだ大規模な迫害には至らなかったが、1597（慶長2）年には、京都と大坂で宣教師や日本人信徒24人を捕えて耳たぶを切り落とし、長崎までの約900キロを歩かせるという大きな弾圧を行った。道中で2人が加わり、総勢26人。そのうち6人は外国人の司祭や修道士、最年少は尾張出身のルドビコ茨木（12歳）だった。

　歩き始めてから1カ月後、彼らは長

記念館では日本でのキリスト教布教から弾圧、
復活までの歴史的な資料を見ることができる

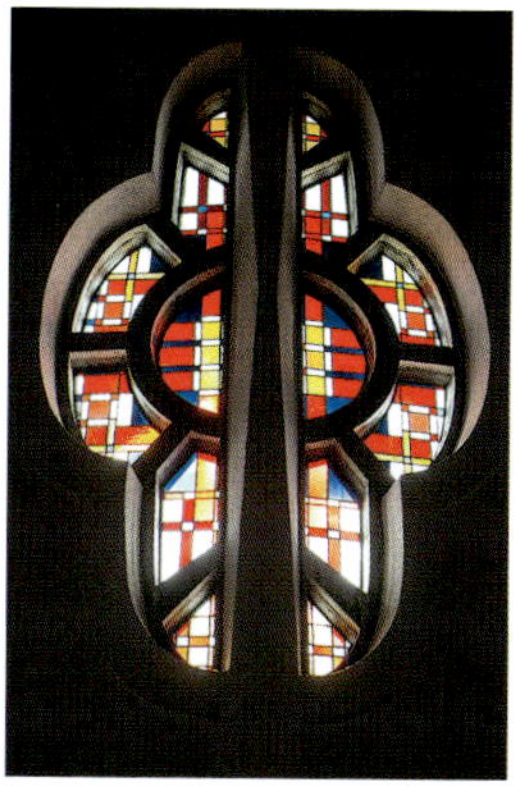

聖堂内部を彩るステンドグラス

崎の町と海を見晴らす西坂の丘に並んだ26本の十字架に縛りつけられ、槍で刺されて命を落とした。秀吉が、京都ではなく、長崎で処刑を行わせた理由は、道中の人々及び長崎に多かったキリシタンたちに、弾圧の姿勢を強く示すためだったと思われる。しかしその意図とは裏腹に、見物人たちは、彼らが微笑みを浮かべながら歩き、死の間際まで神への祈りを捧げている信徒の姿に感動したという。

さらに江戸初期に禁教令が発布され、キリシタンたちは潜伏した。26人の殉教に関する記憶も失われていったが、ヨーロッパでは広く紹介され、

1862（文久2）年に全員が列聖された。列聖とは、教皇により、信仰と徳が特別に秀でていると評価され、「聖人」の列に加えられることだ。折しも日本は幕末の動乱期。5つの港が開港し、再び外国人宣教師がやってきた。長崎の居留区には26人に捧げる「日本二十六聖殉教者天主堂（大浦天主堂）」が建てられ、世界のキリスト教史に残る「信徒発見」の奇跡につながった。

時は流れ、原爆からの復興途上にあった1956（昭和31）年、長崎県は西坂を史跡に指定。イエズス会の資金協力も得て、列聖から100年後に当たる1962（昭和37）年に二十六聖人をレリーフにした記念碑、資料を展示するための記念館、二十六聖人のひとり、メキシコ出身の聖フィリッポに捧げる聖フィリッポ教会が完成する。

「西坂は長崎駅から急坂を登った上にあります。昔は、この丘の下はすぐ海。周囲に建物もなく、残忍な処刑の様子は、長崎の町のどこからでもよく見えたのだと思います」と、日本二十六聖人記念館のスタッフ、宮田和夫さんは語る。

記念館内部には磔刑の様子を描いた絵画も展示されているので、現在の風景と比較してみるとよいだろう。

記念館と聖フィリッポ教会を設計したのは、ガウディを日本に紹介した建築家の今井兼次氏。自身もキリスト教徒のため理解が深く、二十六聖人の物語とカトリックの精神が、建物のあちこちで表現されている。

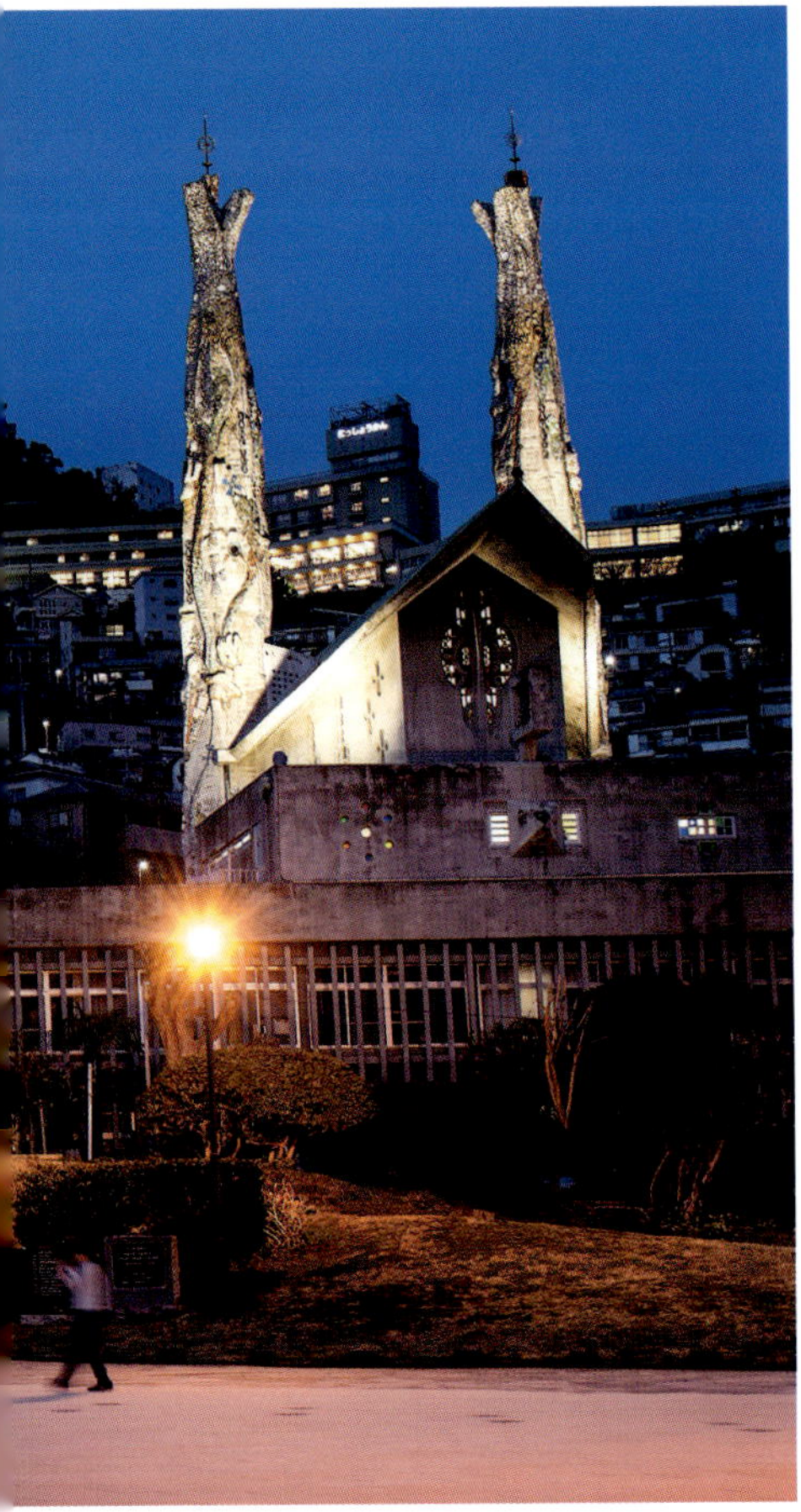

記念館の西側の壁一面に貼られたフェニックスモザイク

その代表的な例は、記念館の西側の面にある陶片のモザイクである。二十六聖人が歩いた京都から長崎までの道筋にある窯元に呼びかけて、割れた焼物を供出してもらい、それを使って、十字架など、信仰を象徴するモチーフを組み合わせた壁画が制作された。お隣の聖フィリッポ教会の2本の尖塔にも、ガウディのスタイルを取り入れて陶片がはめ込まれている。

建物の前にある二十六聖人の記念レリーフは、彫刻家、舟越保武氏の作品だ。26人の中には、少年や年をとった人もおり、ひとりひとり表情が違う。聖パウロ三木と聖ペドロ・パブチスタだけが手を広げているのも印象的だ。

「舟越さんは、聖人全員をひとつの人体に見立て、手を広げている2人を目としたのです。26人の殉教は昔の物語ではありません。今ここであなたに語りかけているということを感じて欲しい」と、宮田さんは言葉を結んだ。平和の重みを感じられる場所だ。

右側のガウディ風の双塔が印象的な聖フィリッポ教会は、二十六聖人に捧げられた教会。アントニオガウディを日本に紹介した今井兼次氏の設計。左側の記念碑のすぐ後ろに建っているのが記念館

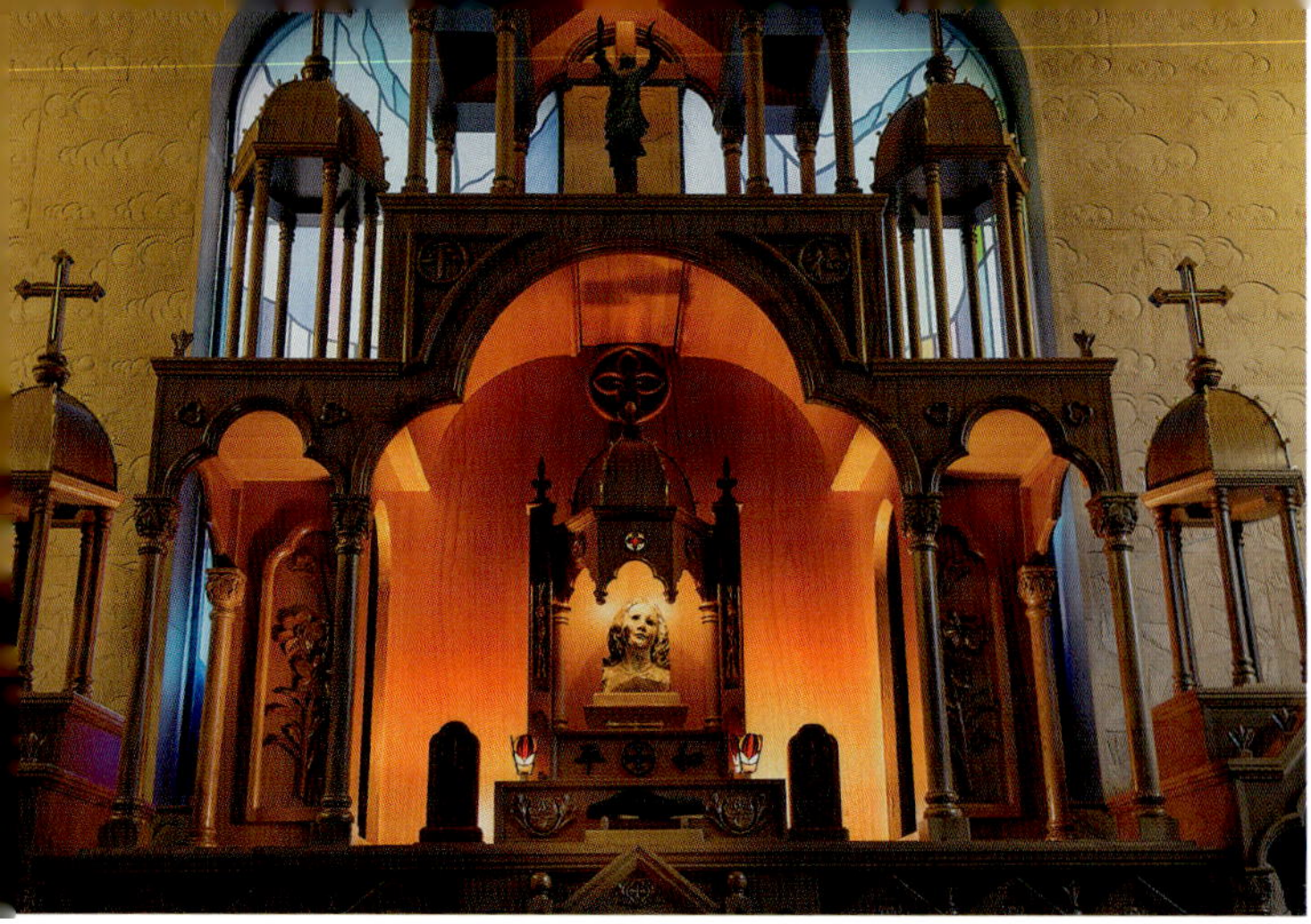

小聖堂の祭壇に安置された「被爆マリア像」

長崎県・長崎市

浦上天主堂《うらかみてんしゅどう》

キリスト教伝来、弾圧、復活そして被爆 歴史を見守ってきた天主堂

Data p.123

ザビエルの来日から20年後、現在の長崎市北部に当たる浦上村にもキリスト教が伝わった。弾圧が始まると、この地のキリシタンたちも潜伏することとなったが、「帳方《ちょうかた》、水方《みずかた》（触頭《ふれがしら》）、聞《き》役《やく》」という3段階の組織がきちんと機能したため、代々信仰を伝えることができたと言われる。

現在、浦上天主堂がある場所には、当時は庄屋の屋敷があり、毎年正月に、周辺の農民を集めて「絵踏」が行われた。やむなく「絵踏」をしてしまったキリシタンたちは、家に帰ってから足を洗い、贖罪のために汚れた水を飲んだという。

江戸時代から明治初期にかけて、浦上村では、四度の「崩れ」（キリシタンの摘発と処刑）があった。一番、二番はさほど大きなものではなかったが、1856（安政3）年の三番崩れでは、指導的な立場にあった人物が捕えられ、獄死した。それからほどない1865（元治2）年、杉本ゆりをはじめとする浦上村の人々が、できたばかりの大浦天主堂に赴いて信仰を告白。「信徒発見」と呼ばれるこの出来事を契機に、浦上のキリシタン史上最悪とされる四番崩れが起きる。3千数百名ほどのキリシタンが捕えられ、22カ所に流された。その中には、津和野や萩など、筆舌に尽くしがたい拷問が行われた場所もある。

やがて禁教令が解け、2000人ほどが浦上村に戻ってきた。人々は、かつて絵踏が行われた庄屋屋敷跡に仮聖

被爆により、指が欠け、憂いをたたえて佇む「悲しみのマリア像」

桜に彩られた浦上天主堂。悲惨な歴史を経てもなお、信者たちの魂の拠り所であることに変わりはない

堂を建て、ようやく信仰の自由を得た喜びを分かち合う。1888（明治21）年にこの地区の主任司祭となったフレノ神父は、より大きな天主堂建立を思い立ち、経済的、物理的な数々の困難を乗り越えて、1914（大正3）年に完成を見た。先祖代々この教会の信徒で、明治、大正、昭和に渡る浦上天主堂の歴史をよく知る深堀繁美さんが、懐かしそうに語ってくれた。

「わたしの父が3歳の時に教会が建ち始め、できあがったのは33歳の時。工事はほとんど人力だったため、そんなに時間がかかったのです。わたしが子どものころは、小学校の4分の3くらいの子がカトリック教徒で、遊ぶのも勉強するのも、すべて教会でしたね」

　しかし、1945（昭和20）年8月9日、長崎に原子爆弾が投下され、当時、東洋一と謳われた浦上天主堂は崩れ落ちた。浦上村全体で8500人ほどの信徒が亡くなり、そのうち数十人は、ミサの準備のために聖堂内にいた人々だった。

「そのような状況下でも、翌年すぐに、仮聖堂が建ちました。浦上には何人かの大工の棟梁がおり、知り合いの山持ちに頼んで材木を譲ってもらったのです。自分たちの家はバラックでも、まずお御堂。われわれカトリック教徒には、どうしても祈りの場所が必要だったのです。1959（昭和34）年には、早くも現在の天主堂ができました。まだ経済も不安定な時代でしたから分割払いで。でも、皆で工面したんですよ」と、深堀さん。浦上の人々にとって、天主堂がどれほど大切な存在なのかが伝わってくる話だ。

　原爆により建物は崩壊したが、祭壇にあった木製のマリア像の頭部が瓦礫の中から発見された。これは「被爆マリア像」と呼ばれ、天主堂脇の小聖堂に安置されている。また、敷地内に立つ破損した石造の聖人像なども、戦前からあったものの遺構である。

　浦上天主堂を訪ねたら、ぜひ立ち寄って欲しい場所がある。「原子野の聖者」と呼ばれ、今も長崎の人々に敬

原爆の熱風で首が吹き飛んでしまった銅像

被爆により傷ついた聖人像は原爆の悲惨さを訴えるもの言わぬ証言者のようだ

愛される永井《ながい》隆《たかし》博士が住んだ「如己《にょこ》堂《どう》」だ。ここはかつて、潜伏キリシタンの頭である帳方（暦や祈りの本を管理する役職）の屋敷があった場所で、永井博士の夫人は、その帳方の家系出身だった。そのため、当初はカトリック教徒ではなかった博士も改宗し、敬虔な信者になったという。博士は戦前から白血病を患っており、戦後はこの小さな家で闘病生活を送った。しかし、病床から平和を祈るメッセージを発信し続け、数々の著作を残した。現在は、資料や著作物を展示した長崎市永井隆記念館も併設され、博士の孫に当たる永井徳三郎氏が館長を務めている。

己の如く人を愛した
永井隆博士

現在の建物は 1959（昭和 34）年の再建。鉄筋コンクリート造だが、レインタイルで改装され、往時の姿に復元されている

Column

聖コルベ記念館

“いかなる敵にも愛と祈りを”
コルベ神父の精神世界が広がる記念館

Data p.123

長崎の教会を旅していると、『聖母の騎士』という美しい冊子を目にすることがある。信仰に関するさまざまな物語や情報が掲載されたこの冊子は、昭和初期に、ポーランドからやってきたマキシミリアノ・コルベ神父によって創刊されたものだ。

コルベ神父とその一行は1930（昭和5）年に来日し、当初は大浦天主堂近くの洋館で宣教活動をした

『聖母の騎士』発行で使われた当時の印刷機や製本機具

が、やがて郊外の山間の土地（現在の長崎市本河内町）に拠点を移し、修道院と神学校を建てる。

若いころから肺結核を患っていた神父にとって、手作りに近い状態で冊子を出版し続けるのは苛酷な作業だった。当時、神父を診察した永井隆博士が「絶対安静が必要だ」と助言すると、神父は「大丈夫だ。信仰のおかげで、10年前から病状が進んでいない」と答えたという。

神父の帰国後、ポーランドはドイツに占領された。カトリックの教え

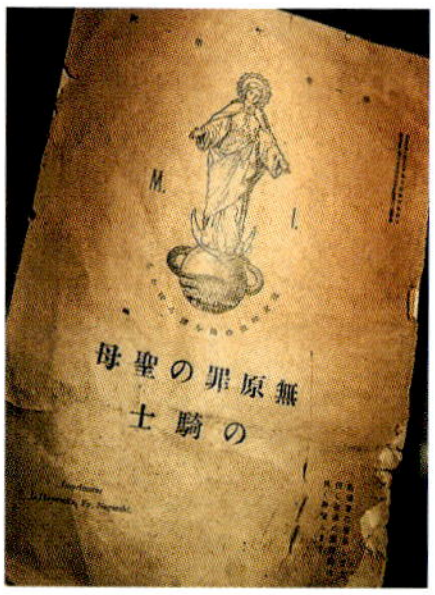

『聖母の騎士』創刊号。表紙には両手を差しのべる無原罪の聖母が描かれている

とナチスの思想は相反すると見なされ、神父はアウシュビッツ・ビルケナウ収容所に送られる。そこには、誰かが脱走するたびに、見せしめに無関係な10人が殺されるという

聖コルベ記念館の近くに造られた本河内のルルド

コルベ神父像

素朴な机と椅子。当時のままに復元された「聖コルベの部屋」

過酷な決まりがあった。その10人のひとりに選ばれてしまったある人が、「自分には妻も子もあるのに」と嘆くと、コルベ神父は、自らが身代りとなって、「死の地下室」と呼ばれる餓死監房に送られ、2週間後に亡くなった。神父が生きている間、監房からは、賛美歌が聞こえてきたという。これだけ過酷な条件下でも信仰を忘れないとは、何と強靭な精神力なのだろう。

1982(昭和57)年、コルベ神父はヨハネ・パウロ二世によって聖人に列せられた。その式典には、アウシュビッツで神父に救われ、奇跡的に終戦まで生き延びて解放された人物も参列した。神父が造った修道院は、今も本河内町に存続しており、敷地内には、神父の生涯に関する資料や神父が暮らした部屋の実物大模型などを展示した記念館がある。怒りや悲しみに捉われて自分を見失った時などに訪れてみたい場所だ。

出津、赤首の岸壁から角力灘を望む。外海の信者たちの中には、海の向こうの五島へと旅立つ者もいた

外海《そとめ》

長崎県・長崎市

陸の孤島に隠れ住んだキリシタンたち

Data p.123

外海は長崎県南西部の西彼杵《にしその ぎ》半島の西岸にあった町の名前で、2005（平成17）年に長崎市に編入された。しかし現在もこの地域一帯を外海と呼ぶ人が多い。長崎市の中心部から見て、この地域は、文字通り外の海に面しているのだ。現在は道路が通じたが、それ以前は険しい山を越えねばならず、船で渡る方が、まだ行きやすかった。

戦国時代、この地域は、日本初のキリシタン大名となった大村純忠によって支配されていた。純忠は、家臣だけでなく領民たちにも入信を命じたため、当時の大村領内には、6万人ものキリシタンがいたと言われる。しかし、純忠の死後、その子孫はキリシタンを弾圧するようになった。

江戸幕府は1614（慶長19）年に禁教令を発布。1637（寛永14）年に勃発した島原・天草一揆後、キリシタンは消滅したと思われたが、大村領内には、まだ多くのキリシタンが残っていた。1657（明暦3）年、大村で約

外海は遠藤周作の小説『沈黙』の舞台となったところで、遠藤周作の文学館もある（P121 参照）

600人のキリシタンが摘発され、約400人が斬首されるという大弾圧が起きた。「郡崩れ《こおりくず》」と呼ばれるこの事件を境に、取り締まりは一層厳しさを増す。

当時大村領だった西彼杵半島は、東側は「内目《うちめ》」、西側は「外目《はかめ》」と呼ばれていた。藩の中心に近い東側（内目）からはキリシタンの姿が消えたが、交通が不便だった西側（外目）には監視の目も行き届かず、キリシタンたちは山中に潜伏してひっそりと信仰を守り続けることができた。

当時の外海地区には、佐賀藩の飛び地も混在していた。大村藩は、かつてキリスト教を取り入れる急先鋒だっただけに、幕府の手前、他の藩よりも弾圧に力を入れる必要があったが、佐賀藩の飛び地では取り締まりが比較的緩やかで、キリシタンを檀家として取り扱い、擁護した寺、天福寺（長崎市樫山町に現存）もあった。これが、外海で多くのキリシタンが潜伏できた理由のひとつとも言われる。

潜伏キリシタンの信仰を支えたもの

マリア観音像

バスチャンの予言

容易に入り込めない急峻な地形は、外海のキリシタンたちが信仰を続けることができた大きな要因のひとつだ。しかし、人が何かを信じ、希望を持ち続けるためには、精神的な要素も必要である。それを与えてくれたのは、バスチャンという名の日本人伝道師だった。実在したのか、伝説上の人物なのかは不明だが、キリシタンたちは、彼が残したとされる日繰《ひぐ》り（暦）と予言を心の支えとして、長く厳しい潜伏生活を生き抜いた。

バスチャンは、神父ジワンに出会ってキリシタンとなり、各地で伝道を続けた。最後は外海山中で暮らしていたが、食事を作る際の煙によって発見され、3年の拷問ののちに処刑されたと伝わる。

バスチャンが捕えられたとされる場所には「バスチャン屋敷跡」と呼ばれる小屋がある。むろん、建物は推定によって近年作られたものだが、光が届きにくいほどうっそうと茂る森の中、今にも眼光鋭い伝道師が出て来そうな現実感が漂っている。

バスチャンの日繰りは、1634年の教会暦を太陰暦に直したもので、キリスト教徒にとってもっとも大切な祝祭日が記されている。禁教時代に日本人信徒が手にすることができた最後のカレンダー。これを代々伝承したため、キリシタンたちは信仰生活を続けることができたと言われる。

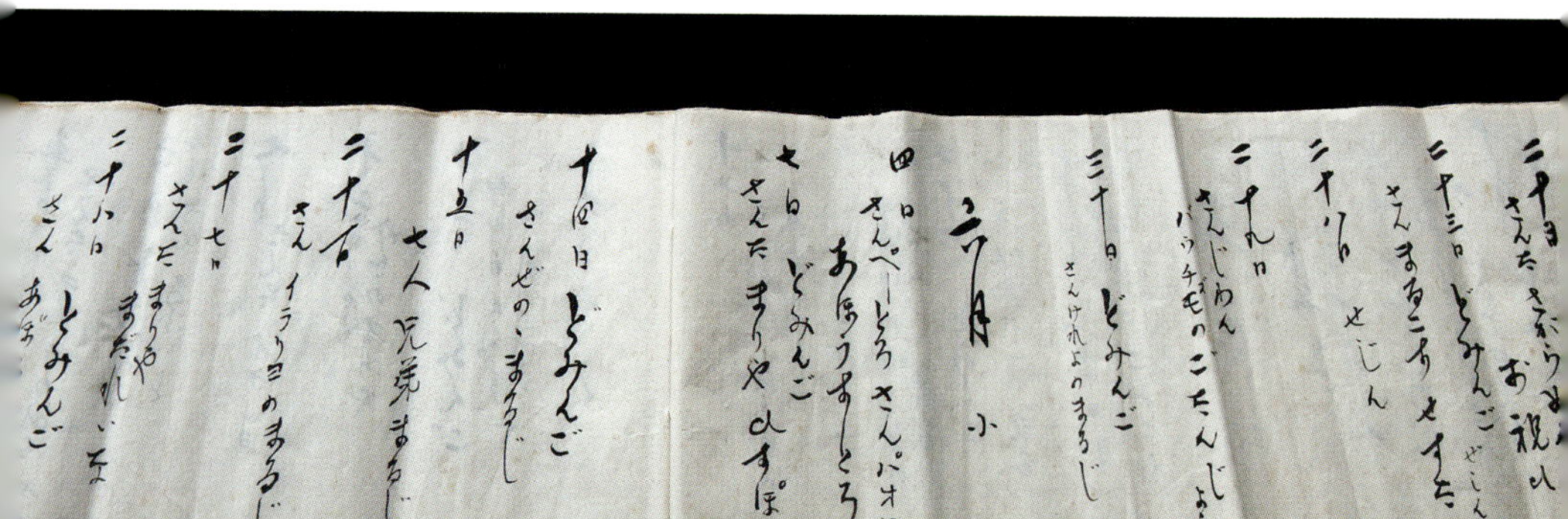

長い潜伏生活を支えたバスチャンの日繰り（長崎市外海歴史民俗資料館蔵）

バスチャンの予言は、以下のようなものだ。

一．皆を七代先まで我が子とする。

二．その後はコンヘソーロ（告白を聞いてくれる神父）が黒い船に乗ってやってきて、毎日でも告白ができるようになる。

三．どこでも大きな声でキリシタンの歌を歌って歩けるようになる。

四．道で異教徒とすれ違う時は、相手の方が道を譲るようになる。

外海のキリシタンたちは、２５０年もの間、この予言を信じ続けた。そして本当に７代後に神父がやってきたため、キリシタンたちは、自ら表に出て信仰を表明した。これはもう偶然とは思えない歴史上の奇跡である。

秘密組織の存在

キリシタンたちを統率する、秘密の組織も存在した。組織は３つの段階に分かれていた。トップが暦を持つ帳《ちょう》方《かた》、その下に洗礼を授ける水方《みずかた》（触《ふれ》役《がしら》）、さらにその下に、行事の日取りなどを知らせて回る聞役《ききやく》。この組織がしっかり機能したことも、信仰を守ることができた理由のひとつだ。

外海の「出津文化村」内にある長崎市外海歴史民俗資料館には、キリシタンたちが祈りに使ったメダイ（聖人の姿を彫り込んだ小さなメダル）やロザリオ、マリア観音（陶製の観音像を聖母マリアに見立てたもの）、「オラショ（祈りの言葉）」や「コンチリサン（悔いあらためるための祈りの言葉）」の写しなどが展示されている。バスチャンが一時潜んでいたとされる

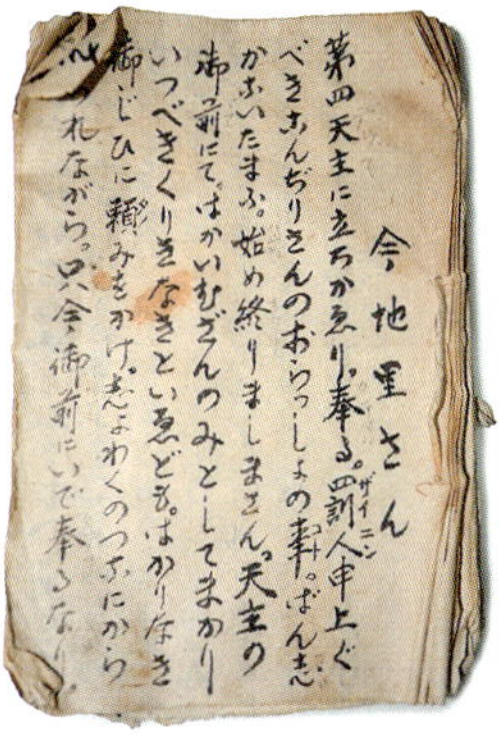

樫山地区の潜伏キリシタンに伝わったコンチリサン（長崎市外海歴史民俗資料館蔵）

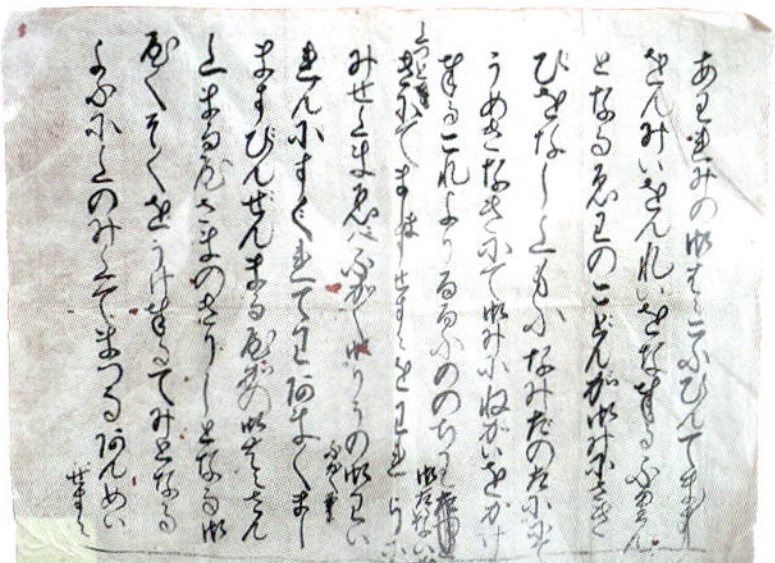

祈りの言葉を記したオラショ（長崎市外海歴史民俗資料館蔵）

潜伏キリシタンの宝物「おん身ゼススさま」。マリア観音やメダイなどは竹筒に入れて隠されていた（長崎市外海歴史民俗資料館蔵）

外海のうっそうとした森に佇むバスチャン屋敷跡。日本人伝道師バスチャンは人目を忍んで伝道を続けたが、最後は捕えられ、長崎で処刑された

樫山地区の赤岳の麓にあった聖なる椿の木の断片も見られる。

出津文化村より少し南の黒崎地区の山中には、キリシタンに信仰された「枯松《かれまつ》神社」があり、近年再建された新しい社殿の中に、「サンジワン枯松神社」と刻まれた石が祀られている。サンジワンとは、バスチャンの師とされる神父ジワンのこと。この人物も実在かどうかは定かではないが、外海では神格化され崇敬を受けてきた。

この神社に上って行く石段の脇に、「祈りの岩」と呼ばれる大きな岩がある。声に出してオラショを唱えることができなかったキリシタンたちは、1年に1度、復活祭の前の「悲しみの節」（カトリック用語で言うところの四旬節）の夜にこの下に集まって、密かにオラショの練習をした。これは禁教令が解けた後も残り、昭和初期ごろまで続けられたという。

キリシタンに信仰された枯松神社

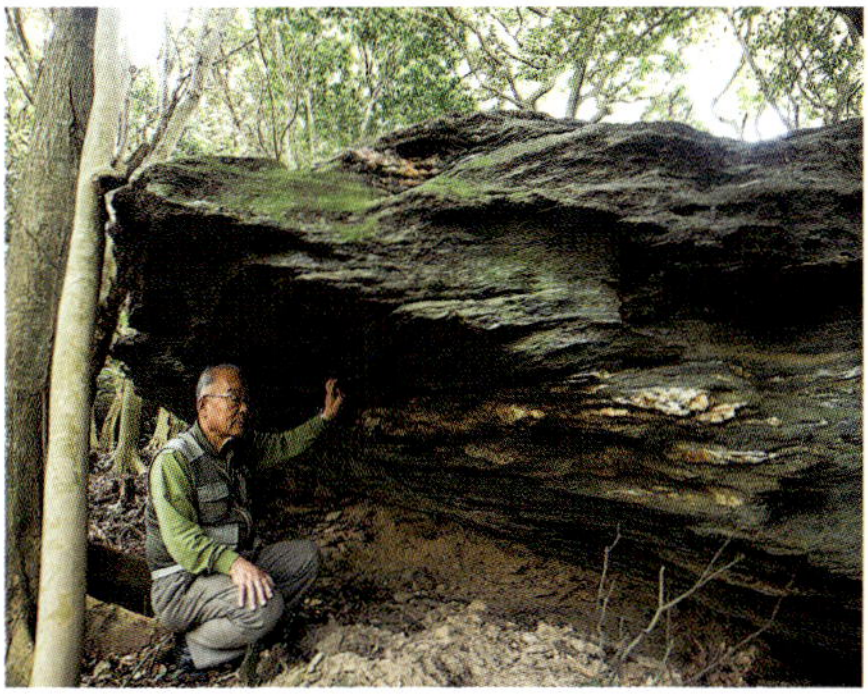
枯松神社に上る参道の左側にある「祈りの岩」。潜伏キリシタンがオラショを唱えるために集まったとされる岩で、大人が数人入れるほどの大きさがある

黒崎地区出身の郷土史研究家で、この神社の世話役代表も務めている松川隆治さんは、「わたしは潜伏キリシタンの末裔です。さすがに岩の下のオラショは経験していませんが、子供のころに、祖母からオラショを教わった記憶はあります」と語る。

松川さんの家は、1982（昭和57）年まではかくれキリシタンだったが、組織が解散したことにより寺の檀家になった。外海の潜伏キリシタンの中にも、カトリックに復帰した人、そのままかくれキリシタンの信仰を守り続けた人、仏教に改宗した人など、各人や集落ごとの事情によって、さまざまなケースがあったという。

現在、毎年11月3日に行われている「枯松神社祭」では、あらゆる立場の人がこの神社に集まり、カトリック教会による合同慰霊ミサ、寺の住職による法話、かくれキリシタンの代表によるオラショなどが奉納される。

日本人伝道師バスチャンの師神父ジワンを祀る

外海の人々に生きる力と知恵を与えた
ド・ロ神父

若き日の
ド・ロ神父

貴族出身の万能な神父

時は流れて1863（文久3）年、バスチャンの予言通り、神父が長崎にやってきた。潜伏キリシタンたちは表に出て、自ら信仰を告白。それをきっかけに最後の大弾圧も起きるが、1873（明治6）年、明治政府はようやくキリシタン禁制の高札を撤去した。その3年後、外海の出津に小さな仮聖堂が建てられ、さらに3年後の1879（明治12）年、この地域の司祭として、マルク・マリー・ド・ロ神父が赴任してきた。

フランスのヴォスロールという村の貴族の家に生まれたド・ロ神父は、28歳の時にプティジャン神父とともに来日し、39歳で外海に赴任した。長崎から船でやってきた神父は、農民たちの貧しさに驚き、彼らの心だけでなく、生活そのものを支えようと考えた。その場限りの金や物を与えるのではなく、自立して暮らすための現金収入を得る技術を身につけさせたい。ド・ロ神父の計画は、実に理にかなっていた。

ド・ロ神父が日本に行くと決めた時、父親は、餞別として24万フラン（今の金額にして2億6000万円ほど）を渡した。母親も、自分が持っていた財産をすべて与えた。由緒ある家柄の大切な息子を、見知らぬ東洋の国に送り出す。しかもたぶん、二度と会えない。家族たちに迷いや不安はなかったのか。

その問いに答えてくれたのは、出津文化村内にある旧出津救助院の赤窄《あかさこ》須美子シスターだった。

「別離の悲しみはみな同じで、お母様はとても悲しんだと言われますが、同時にカトリック教徒にとって、自分の家の者が神の教えを世界に伝えに行く任務に就くのはたいへん誇らしいことです。両親は、異国での活動にお金がかかることも知っていたので、莫大な資金を持って行かせたのでしょう」

カトリック教徒にとっては、自分が持っている最上のものを神に差し出すのは、きわめて幸福なことなのだという。

赤窄シスターが働いている旧出津救

ド・ロ神父が女性の自立を支援するための作業所として建てた旧救助院・授産場。1階は作業場、2階は修道女の生活の場として使用された

ド・ロ神父は私費で土地を買い求め、17年をかけて農耕地を開拓。貧しい農民たちに農耕法も教えたという

助院は、ド・ロ神父が1883（明治16）年に創設したもので、授産場、マカロニ工場、鰯網工場の建物があった。

授産場は、当時もっとも弱い立場だった女性たちを助けるための施設で、1階は、パン、マカロニ、そうめんなどを作るための作業場、2階は女性たちの暮らしと礼拝、学びの場だった。ここには、神父がフランスから取り寄せたオルガンやマリア像がある。

鰯網工場跡には、現在、ド・ロ神父記念館があり、さまざまな資料が展示されている。なかでも目を引くのは、豪華な刺繍を施した祭服だ。これは、神父の母と妹が手作りし、遠い国に旅する家族へのはなむけとして贈ったものだ。しかし「刺繍以外は、自分の方が妹より上手にできただろう」と、神父は書き残している。

そう、ド・ロ神父は本当に何でもできた。ヨーロッパの貴族は、たくさんの召使を使って優雅に暮らすというイメージがあるが、少なくとも、ド・ロ神父が育った家はそうではなかった。フランス革命を経て、これからの時代、貴族も生き残るために何でもしなければいけないと考えた父親は、幼少期の神父に、農業の実作業など、あらゆることを体験させた。記念館内の展示品には、医療関係のものもあれば、神父がデザインした女性のためのユニフォームもあり、多才さに驚かされる。

貧しく辺ぴな村が一変

出津文化村内だけでなく、外海の山中にも、神父の功績を物語る史跡が点在している。そのひとつは、大平の作業場だ。現在は、煉瓦を積み上げた壁の一部が残るのみだが、もとは作物の貯蔵などに使った建物だった。神父はこの周辺の土地を買って開墾し、フランスからよい種を取り寄せて、小麦、ジャガイモ、綿などを育てた。その際も、自らスキやクワを手にして作業の指導をしたという。その畑の一部は今も残り、小麦やサツマイモ、蕎麦など、当時生産していた作物が作られている。

神父は、建築に関する知識や技術も持っていた。長崎市の大浦天主堂に隣

旧出津救助院の2階にあるド・ロ神父がフランスから取り寄せたオルガンは、100年以上の時を経た今も、あたたかい音色を響かせている

26 戸の信徒のために建てた大野教会堂。現在は年に1 度、秋にミサが挙げられるのみ（内部は拝観不可）

地元産の玄武岩を不規則に積み上げた壁、通称「ド口壁」が特徴

接する旧羅典神学校は、外海に来る前に、神父が設計したものだ。また、遠くて出津教会のミサに来られない26戸の信徒たちのために、大野教会という巡回教会（神父が常駐せず、定期的に巡回してミサを行う教会）も建てた。この大野教会の壁は、「ド口壁」と呼ばれる独特の手法で作られている。地元産の玄武岩を不規則に積み、接着剤として、赤土の泥水で石灰と砂をこね合わせたものが使用されている。これによって、海から吹きつける風雨に負けない堅牢な壁となった。晩年に神父は、五島生まれの大工、鉄川与助にも西洋建築の基本を教えている。

ド・ロ神父は、1914（大正3）年74歳で死去した。大浦の大司教館を改築中に、足を滑らせ、負傷。それがもとで持病が悪化したのだという。神父の遺体は外海に運ばれ、出津共同墓地に埋葬された。しかし、外海の人々は、今も神父を「ド口様」と呼び、愛してやまない。

農地開拓とともに建てられた大平作業所跡

サテン地に豪華な刺繍が施された祭服は、ド・ロ神父の母と妹の手作りの品

救助院での制服も作り、支給していた

五島灘を望む急峻な斜面に立つ教会。風の強い地形を考慮して、天井を低くして建てられている

長崎県・長崎市

出津《しつ》教会堂《きょうかいどう》

生涯を外海に捧げたド・ロ神父が私財を投じて建てた教会

Data p.123

ド・ロ神父の設計・施工により、1882（明治15）年に完成した教会。出津の集落内のどこからでも見えるようにと、小高い丘の上に建てられた。信徒が増えたため、1891（明治24）年に1・5倍の長さに広げ、1909（明治42）年には正面の玄関部を建て増しし、その上に鐘楼も建てた。鐘楼の上には、ド・ロ神父がフランスから取り寄せたマリア像が立っている。

遠くからだとわからないが、近づいてみると、ずいぶん平たくて長い建物だとわかる。同時代に建てられた教会は、ゴシック風の塔がそびえるものが多いが、ここ外海は、海からの強風を直接受けるため、できる限り屋根を低くしたのだ。中に入ると、その低さをより実感できる。このころの教会によく見られるリブ・ヴォールト天井でも舟形天井でもない、ごく一般的な平たい天井。ステンドグラスも花形の装飾もなく、いたってシンプルだ。当時の日本人は、西洋的なものに憧れがあったため、より華やかな教会を望む傾向があったが、ド・ロ神父にとっては、装飾など二の次。長く使う建物には、堅牢性と実用性が大切と思っていたようだ。

教会が完成した翌年には救助院も建てられ、この丘全体が、ひとつのコロニーのような機能を持つようになった。人々が平和的に共存し、生活の向上を目指して楽しく働く。そんな雰囲気は今も健在だ。地元の方が育てた花々に囲まれた施設を見学しながら、ゆっくり散歩してみよう。近くには修道院もあり、農作業を行うシスターの姿もときおり見かける。

日本であって日本でないような、そして、現実であって現実でないような、不思議な安らぎを覚える場所だ。

貧しかった半農半漁の外海集落の暮らしは、ド・ロ神父の教えで劇的に変わった。豊かに実った教会を望む畑で、シスターが自ら収穫作業を行っていた

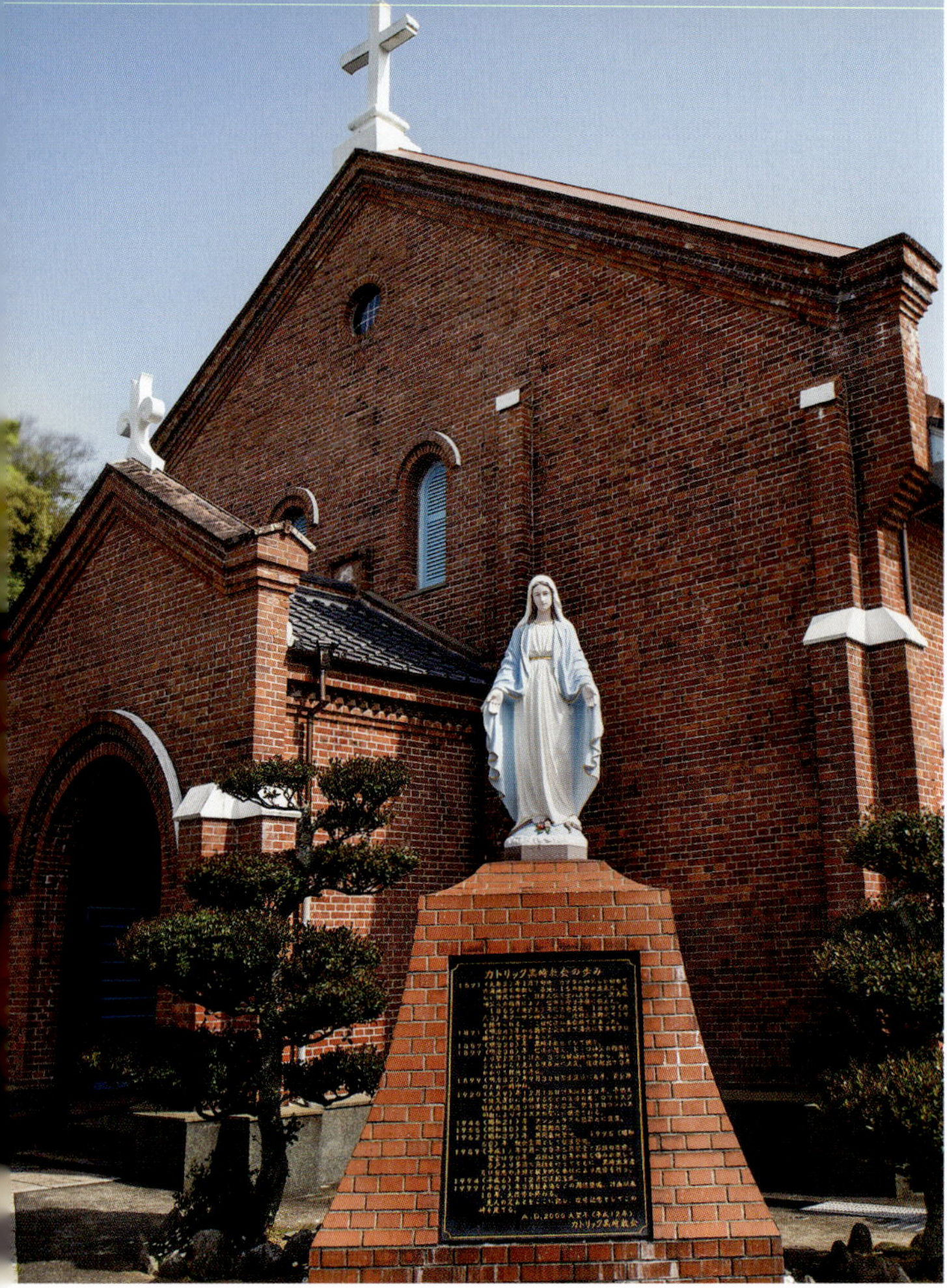

長崎県・長崎市

黒《くろ》崎《さき》教《きょう》会《かい》

信徒たちが私財を投じて建てた
ゴシック調の重厚な教会

Data p.124

海を望む高台に立つ、堅強な赤煉瓦造りの教会

ド・ロ神父が活躍した出津地区より少し南側の黒崎地区は、遠藤周作の『沈黙』の舞台にもなった場所。キリシタンに信仰された枯松神社があることからもわかるように、江戸時代にはこの地区のほとんどの住民が潜伏キリシタンだった。ここには、明治維新以前にフランス人神父もやって来て、1870（明治3）年には、早くも仮の聖堂が建った。禁教令が解けるまでは取り締まりもあったが、長崎市内の浦上地区で起きた「浦上四番崩れ」ほど厳しいものではなかったという。

その後信徒が増え、より立派な自分たちの教会が欲しいと、資金の積立てが始まった。出津教会堂はド・ロ神父の私財で建てられたが、黒崎教会は、住民たちがカンコロ（サツマイモを切って干したもの）などを売って得た現金収入をコツコツと貯めて建てたものだ。先祖の血と汗の結晶である教会は、周辺の信徒により今も大切に守られている。

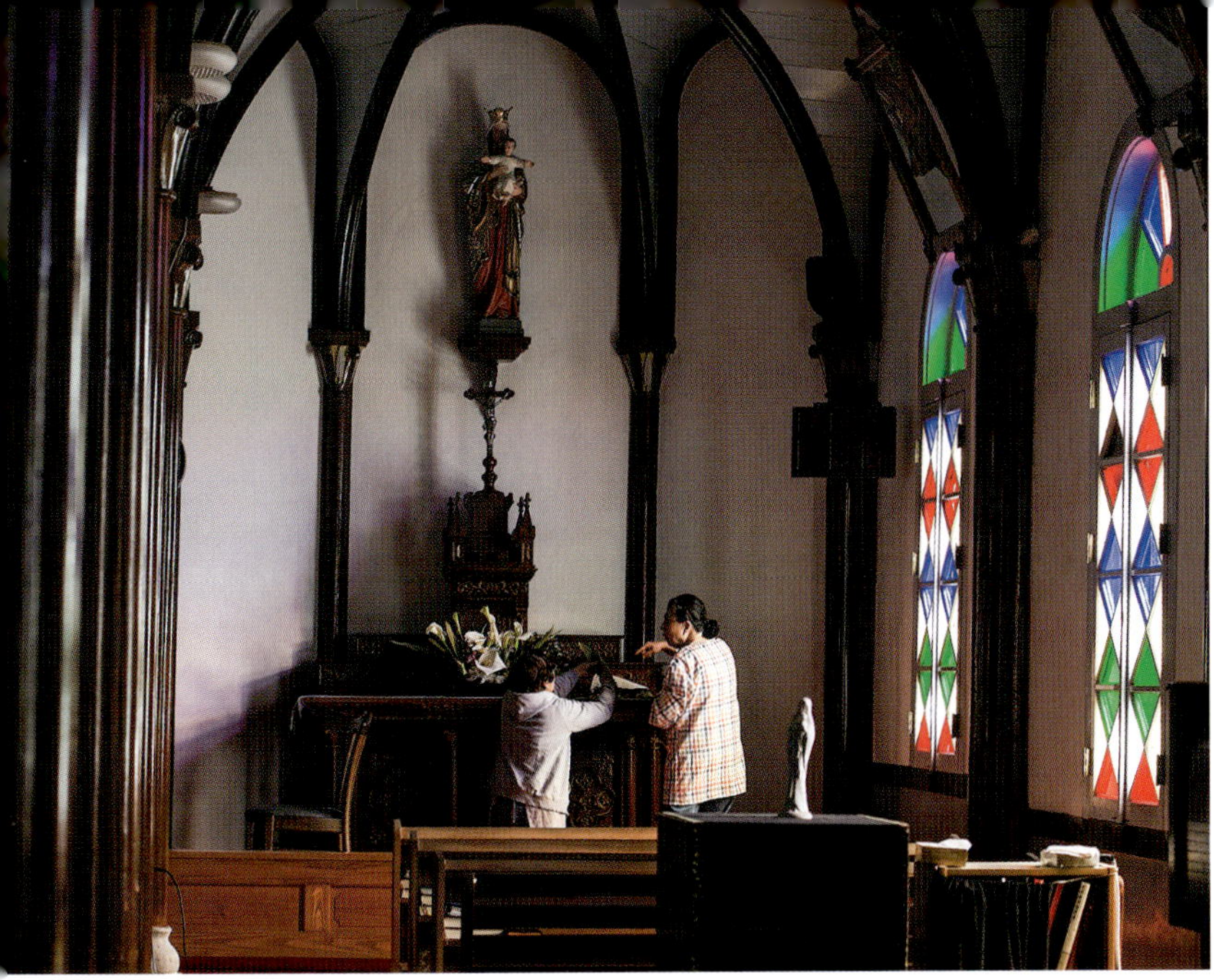

重厚なゴシック調の内部。平成の修復で、ステンドグラスは変えられたが、全体の構造は創建時のまま。黒光りする柱や重なり合うリブ・ヴォールト天井（こうもり天井）が見事

十字架をかたどった
ステンドグラス

土地の造成は１８９７（明治30）年ごろに行われ、設計にはド・ロ神父も加わったと言われるが、資金難で着工できず、１９１８（大正7）年にようやく建設が始まり、１９２０（大正9）年に完成。積立てを始めてから、30年以上が過ぎていた。施工は地元黒崎出身の大工の棟梁である川原忠蔵。川原家は熱心なカトリック教徒で、忠蔵の父親の川原粂吉は、大浦天主堂の建設にも関わった名大工である。

大浦天主堂の際、棟梁を務めたのは天草から来た大工だったが、この黒崎や伊王島など、潜伏キリシタンが多かった地域から参加した大工もいた。そのため、「バスチャンの予言にある神父らしき人が来た」というニュースも、いち早く広まった。「信徒発見」は１８６５（元治2）年3月17日だが、その年の5月には、黒崎の人々も大浦に出かけて神父の指導を受けたという。彼らがどれほど神父の到来を待ちわびていたかが伝わるエピソードだ。

島原《しまばら》

長崎県・南島原市

日野江城跡と原城跡 キリシタン受難の歴史をたどる

Data p.124

原城跡から島原湾を望む。落城時には多くの領民がここから身を投げた

島原半島南部は、長崎市内と同様にキリスト教文化が花開いたエリアだ。1562（永禄5）年、領主の有馬《ありま》義貞《よしさだ》が口之津《くちのつ》を開港し、イエズス会宣教師ルイス・デ・アルメイダが布教を開始した。

引き続き、1579（天正7）年に巡察師のアレッサンドロ・ヴァリニャーノが来日。ヨーロッパの中等教育機関「セミナリオ」を建て、日本人の司祭育成に力を入れる。ヴァリニャーノは、セミナリオの生徒から選抜した4人の少年をヨーロッパに連れて行った。これが天正遣欧使節である。

有馬義貞の子、晴信も洗礼を受けてからは熱心な信者となり、キリスト教を庇護。晴信は日野江城を壮麗に再建し、1590（天正18）年に帰国した遣欧使節とヴァリニャーノを迎え入れる。その時この城は、「すべての部屋が黄金の品や典雅な絵画で飾られていた」と、ルイス・フロイスが書き遺している。

しかし、1612（慶長17）年、晴信が岡本大八事件で失脚、斬首されると、島原のキリシタンは迫害の対象となる。領主が松倉重政に代わると迫害は厳しさを増した。さらに重政の子の勝家は、島原城を改築するため領民に重税を課し、払えない者やキリシタンを拷問にかけるなどの悪政を行った。農民の間に不満が高まり、これが島原・天草一揆の引き金となる。島原や天草にはまだキリシタンが多く残っていたため、一揆軍として団結することが可能だった。

領民たちは島原半島南部の代官所を次々に襲った。天草でも同様の動きがあり、天草四郎を総大将として富岡城を包囲した。しかし攻めきれず、島原勢とともに、当時廃城になっていた原城に立て籠もる。一揆軍は、女性や子供も含め、3万7000人（2万7000人とも）。対する幕府軍は12万人。鎮圧には4ヶ月もの時間を要した。

有馬晴信の居城であった日野江城跡、戦場となった原城跡では、現在も発掘調査が進められている。日野江城跡からは金箔瓦や中国の陶磁器、もとは寺院にあったと思われる五輪塔などを使用した階段遺構、外来系の技術で構築された石垣遺構などが発見された。原城跡からは、おびただしい人骨、鉛の弾丸をつぶして作った十字架など、凄惨な戦いを彷彿とさせる遺物が多数出土した。

これらの一部と島原に残されたキリシタン文化の資料は、南島原市有馬キリシタン遺産記念館に展示されているので、原城跡、日野江城跡と合わせて見学したい。

有馬キリシタン遺産記念館ではキリスト教の伝来から繁栄、弾圧までの歴史を見ることができる。写真は日本人によって作られた銅板画「セビリアの聖母」

原城跡から出土したロザリオに使用されていた十字架

天草四郎《あまくさしろう》

日本史上最大の一揆を指揮した色白の少年

わずか16～17歳で、日本史上最大の一揆、島原・天草一揆を指揮した美少年。妖術を使えたとも言われ、「手の上で鳩が卵を産んだ」、「海を渡って歩いてきた」など、数々の魅惑的な伝説に彩られているが、れっきとした実在の人物で、本名は益田《ますだ》四郎時貞《しろうときさだ》。父親は、キリシタン大名である小西行長《こにしゆきなが》の家臣だった。しかし、資料は少なく、生誕地に関しては、天草諸島の大矢野島（現在の熊本県上天草市）で生まれたという説、天草でキリシタン弾圧が始まって以降、益田一族が長崎に移住したため実は長崎生まれという説などがある。

1612（慶長17）年、禁教令が出されると、当時天草にいたママコスという名の神父が、「25年後、16歳の天童が現れ、パライソ（天国）が実現するであろう」との予言を残し、マカオに追放されたと伝えられた。それから25年、異常気象による凶作や苛酷な年貢の取り立てに苦しむ天草の人々は、四郎こそが、その予言にある天童であると信じた。噂は天草だけでなく島原にも伝わり、一揆軍の総大将として担ぎ出される。しかし、カリスマ的なイメージは、周囲の人々によって作り上げられたもので、実際の指揮は四郎の父親などが行ったとも言われる。

3万7000人もの一揆軍が立て籠った島原の原城跡からは、四郎の出身地とされる大矢野島と、その中間にある湯島という小島が見える。湯島はまたの名を「談合島」といい、天草と島原の人々が、一揆の相談をするために落ち会った場所だ。

原城に籠城した人々に向け、幕府軍は、投降を呼びかけた。しかし、一揆軍のキリシタンたちは、「原城内での仕事や戦いは、すべて神への奉仕である」と書かれた「四郎法度書」の存在により統率され、士気は高かった。

籠城から3ヶ月、天草四郎は、細川藩の家臣によって打ち取られた。原城跡の一角では、近年、民家の石垣から発見されたという墓石を見ることができる。これは、四郎の母親が建立したものと推定されている。

一揆と運命を共にした天草四郎

天草四郎が島原・天草一揆でかかげた、重要文化財指定の天草四郎陣中旗（天草キリシタン館蔵）

熊本県・天草市

天草《あまくさ》

海の教会・﨑津教会が印象的な穏やかな漁村

Data p.124

穏やかな羊角湾に臨む﨑津の漁村に立つ、ゴシック様式の﨑津教会。一部鉄筋コンクリート、一部木造の教会で、内部は畳敷きだ

天草は、廃藩置県が実施される明治までは長崎に属していた。天草にキリスト教が伝わったのは1566（永禄9）年。布教を行ったのはルイス・デ・アルメイダ修道士である。アルメイダを招いた天草鎮尚の息子・久種が受洗し、キリスト教は全島に広まる。1591（天正19）年にはコレジオも建てられたが、1614（慶長19）年には宣教師が追放され、キリシタンたちは潜伏した。

島原・天草一揆によって、キリシタンは根こそぎにされたと思われていたが、1805（文化2）年、大江、﨑津、今富、高浜など天草西岸一帯で、5000人を超えるキリシタンが検挙される「天草崩れ」が起こる。今富村で古い異仏が見つかったことが契機となったものだが、一揆の中心地から遠く離れ、一揆に参加できなかった天草西部では、信仰は密かに守られていた。

島民は取り調べを受け、多くの信仰物が没収された。しかし、いずれもキリシタンではなく、普通とは異なる宗教「異教」を信仰していた「宗門心得違い」とされ、穏便に処分されている。

天草下島の入り組んだ羊角湾のほとりに位置する小さな漁村・﨑津集落も潜伏キリシタンの里だった。狭い土地に民家が密集し、「トウヤ」と呼ばれる細い通路が張り巡らされている。家々には、海に張り出した「カケ」と呼ばれる作業場。それらが作り出す独特の景観だけでも文化財としての価値があるが、真ん中にそびえるゴシック様式の教会の塔が、この集落を一層印象深いものにしている。

現在の﨑津教会は、1934（昭和9）年、ハルブ神父の時代に鉄川与助が設計・施工したもので、一部が鉄筋コンクリート、一部が木造の建物である。「ハルブ神父は、本国フランスに宛てて、何度も寄付を募る手紙を出しています。土地代も含めて2万6000円必要で、そのうち建築費は9800円と聞いています。本当は全部鉄筋にし

潜伏キリシタンが発覚した「天草崩れ」では、この﨑津諏訪神社が取り調べの舞台となった

たかっただろうが、お金が足りなかったのかな」と、ボランティアガイドの森田哲雄さんは語る。ここも浦上天主堂と同じように庄屋屋敷の跡地で、現在の祭壇の下あたりで「絵踏」が行われていたという。

集落を見下ろす山の斜面には、﨑津諏訪神社がある。「天草崩れ」の際に行われた取り調べの調書には、この神社で「あんめんりゆす（アーメン デウス）」と唱えていたという証言が記されている。鳥居の向こうに教会の尖塔が見える風景は印象的だ。

天草には、もうひとつ、大変美しい教会がある。﨑津集落にほど近い大江教会だ。1892（明治25）年に大江集落に赴任して49年間主任神父を務めたルドヴィコ・ガルニエ神父が私財を投じて建てた白亜の教会で、これも鉄川与助の設計・施工。1933（大正8）年に完成した。ガルニエ神父は、農民たちとともに、苦楽を共にし、布教活動に努め、多くの人に慕われた。

大江教会は、フランス人宣教師ガルニエ神父が地元住民と共に建てたロマネスク様式の白亜の教会

第3章 キリシタンの苦難と安住の地

五島

安住を求めて五島の津々浦々でキリシタンたちは暮らした。

打ち続く弾圧と生活苦のため、
キリシタンたちは新天地を求めて海を渡った。
たどり着いた五島は決して天国ではなかったが
キリシタンたちは、身を寄せ合って暮らした。
そして、明治初頭の大弾圧も乗り越えて
先祖代々守ってきた土地に、美しい教会を建てる。

五島 教会の歴史をたどる

水ノ浦教会の内部。美しい姿のその裏には、
キリシタンたちの苦悩の歴史が隠されている

九州の最西端に位置する五島列島には、大小合わせて140もの島がある。大きな島は北東側から中通島、若松島、奈留島、久賀島、福江島の5つ。島々には50ほどの教会が点在し、現在も人口の10%ほどがカトリック教徒だ。

この地にキリスト教が伝来したのは、1566（永禄9）年。五島の領主、宇《う》久《く》純《すみ》定《さだ》の要請により、医師であった、ルイス・デ・アルメイダ宣教師がやってきて布教を開始した。しかし、その後の領主が反キリスト教であったため、宣教師たちは追い出された。少数のキリシタンは潜伏した可能性もあるが、ここでいったん、五島のキリシタンの命脈は途絶えたと考えられる。

五島に再びキリシタンが現れるのは、1797（寛政9）年以降のことである。五島藩主が大村藩主に対し、島内の土地を開拓するための農民の移住を依頼した。これによって、長崎の辺境の地、外海に潜伏していたキリシタンたちが、船に乗って五島に渡った。

外海の土地は狭く痩せており、生き延びるためには、子供を間引きするしかない。キリシタンとしての良心の呵責もあり、正式な要請が1000人のところ、その3倍以上の人々が夜陰に紛れて小舟で海を渡っていったと言われる。

「五島へ五島へと、皆行きたがる」という歌が生まれたのもこのころだ。しかしその歌は、「五島極楽、来てみて地獄」と続く。五島には、仏教や神道の信者である先住者がおり、よい土地には、すでに彼らの集落があった。そのため移住者たちは、辺ぴな入り江やさらなる離れ小島など、農業に適さない場所で暮らすしかなかった。

　このようにして、五島の津々浦々に、小規模なキリシタンの集落が形作られていった。

アルメイダ宣教師が五島の人々に布教する様子を描いた「アルメイダの宣教碑」（堂崎教会）

　１８６５（元治２）年の「信徒発見」により、五島の人々も、バスチャンの予言通り神父がやってきたことを知る。まだ監視が厳しい中、長崎にいた外国人宣教師たちも、危険を冒して五島を訪れるようになった。やがて五島のキリシタンたちも、浦上村のキリシタン同様、自分たちの信仰を役人に表明し、それが「五島崩れ」と呼ばれる大規模な弾圧の引き金となった。迫害はほぼ五島全体に広がり、命を落とした人も少なくなかった。

　やがて禁教令が解け、五島のキリシタンたちの多くは、正式なカトリックに復帰した。

　長い苦労の末に信仰の自由を得た信徒たちは、外国人神父の指導のもと、祈りの場である教会を建てた。漁業によって得たわずかなお金を出し合い、煉瓦積みなど、できる作業は村人たち総出で行った。中には大きな教会もあるが、多くは小さく、可愛らしい建物である。

　上五島出身の大工、鉄川与助の設計・施工による、オリジナリティあふれる教会も魅力的だ。それらの教会を訪ねながら、五島のキリシタンたちがたどった光と影の歴史に思いをはせてみよう。

ミサは海岸で行われることもあったようだ。写真では神父が、船でミサに集まった人々を出迎えているように見える（純心大学博物館蔵）

対馬瀬
古志岐島
平原草原
城ヶ岳
宇久島
佐世保市
寺島
納島
六島
斑島
小値賀島
斑島玉石甌穴
赤島
小値賀町
倉島
52
小値賀空港
藪路木島
野崎島
美良島
黒島
51
大島
平島
42
前島
41
40
五
39
島
37
38
36
番岳
赤ダキ断崖
列
島
34
35
44
頭ヶ島
祝言島
新上五島町
33
上五島空港
43
西海市
32
有川港
31
平島
折島
鯨見山公園
30
青方港
串島
潮合崎
28
45
中通島
29
日ノ島
46
24
有福島
384
27
龍観山展望台
相之島
23
47
キリシタン洞窟
海中公園
若松
48
葛島
滝ヶ河原瀬戸
希望の聖母像
21
26
若松島
19
49
黒瀬鼻
22
帆上鼻
奈留瀬戸
奈留島
25
奈良尾港
玄魚鼻
20
権現山樹叢
50
西海国立公園
18
糸串鼻
久賀島
15
佐尾鼻
前島
田ノ浦瀬戸
仏崎
5
奈留神鼻
17
16
立神社
ツブラ島
金剛崎
3
椛島
7
4
多々良島
2
海中公園
屋根尾島
1
福江港
螺蝶島
明星院
福江城
島市
鬼岳
頭山
福江空港
14
富江湾
鐙瀬熔岩海岸
N
W
E
S
只狩山展望所
赤島
黒島
笠山崎
黄島
0
5km
五島列島

五島教会マップ

1. 福江教会（福江島）
2. 浦頭教会（福江島）
3. 堂崎教会（福江島）
4. 宮原教会（福江島）
5. 半泊教会（福江島）
6. 楠原教会（福江島）
7. 水ノ浦教会（福江島）
8. 打折教会（福江島）
9. 三井楽教会（福江島）
10. 嵯峨島教会（嵯峨島）
11. 貝津教会（福江島）
12. 井持浦教会（福江島）
13. 玉之浦教会（福江島）
14. 繁敷教会（福江島）
15. 浜脇教会（久賀島）
16. 牢屋の窄殉教記念教会（久賀島）
17. 五輪教会（久賀島）
18. 旧五輪教会堂（久賀島）
19. 江上天主堂（奈留島）
20. 奈留教会（奈留島）
21. 南越教会（奈留島）
22. 土井ノ浦教会（若松島）
23. 有福教会（有福島）
24. 大平教会（若松島）
25. 桐教会（中通島）
26. 若松大浦教会（中通島）
27. 中ノ浦教会（中通島）
28. 真手ノ浦教会（中通島）
29. 焼崎教会（中通島）
30. 猪ノ浦教会（中通島）
31. 跡次教会（中通島）
32. 大曽教会（中通島）
33. 青方教会（中通島）
34. 冷水教会（中通島）
35. 青砂ヶ浦天主堂（中通島）
36. 曽根教会（中通島）
37. 大水教会（中通島）
38. 小瀬良教会（中通島）
39. 江袋教会（中通島）
40. 赤波江教会（中通島）
41. 仲知教会（中通島）
42. 米山教会（中通島）
43. 丸尾教会（中通島）
44. 頭ヶ島天主堂（頭ヶ島）
45. 旧鯛ノ浦教会（中通島）
46. 佐野原教会（中通島）
47. 船隠教会（中通島）
48. 浜串教会（中通島）
49. 福見教会（中通島）
50. 高井旅教会（中通島）
51. 小値賀教会（小値賀島）
52. 旧野首教会（野崎島）

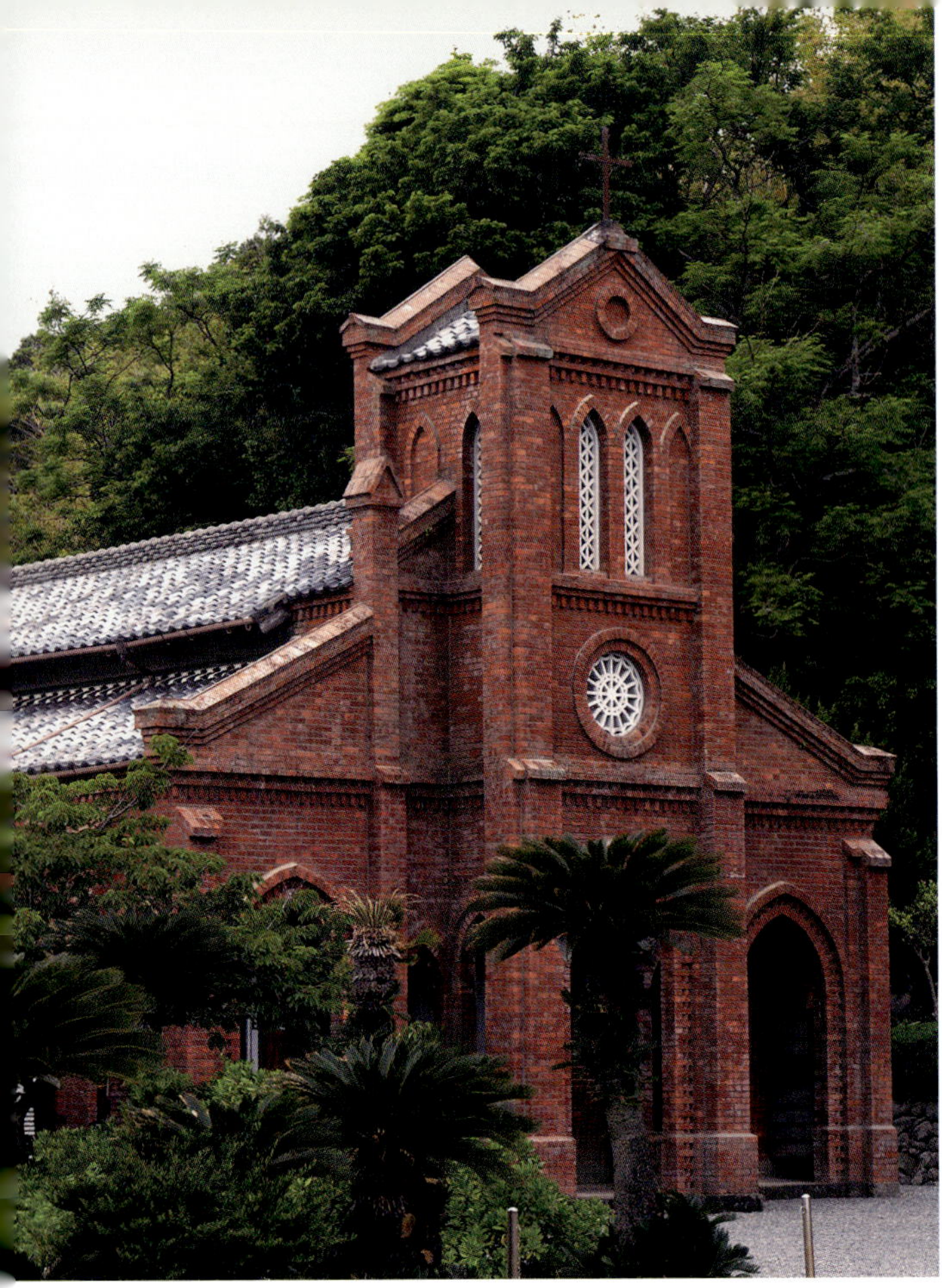

五島のキリスト教布教の中心地だった堂崎教会。信徒が海から船で訪れるため、海に向かって建てられた

堂崎教会《どうざききょうかい》

長崎県・五島市（下五島・福江島）

復活後、五島で初めて
クリスマスを祝った
海辺の教会

Data p.124

潜伏キリシタンたちが祈りを捧げていたという「クルス地蔵」

堂崎教会は、五島列島最大の島、福江島にある。この教会では、定期的にミサも行われているが、キリシタン資料館としても活用されている。

五島には16世紀後半にキリスト教が伝わったが、いったん途絶え、18世紀末以降に、大村藩の潜伏キリシタンたちが移り住んできた。1873（明治6）年、禁教令が解かれてすぐ、堂崎の地にフランス人のフレノ神父がやってきた。まだ教会がなかったためミサは野外で行われ、同年12月24日の夜、信徒たちは、堂崎の浜辺で、禁教の高札撤去後初めてのクリスマスを祝ったという。

続いてやってきたマルマン神父は、孤児を救済するための施設を作った。そのマルマン神父に続いたペルー神父の設計により、1908（明治41）年に、現在の教会が建てられた。五島で初めての煉瓦造りの洋風建築で、若き鉄川与助も、この工事に参加していた。

建物内に入る前に、周囲にある記念碑や像を見てみよう。五島にキリスト

赤煉瓦造り、ゴシック様式の教会内部はリブ・ヴォールト天井となっている

聖ヨハネ五島殉教像。五島出身の19歳の青年のヨハネ五島は、大坂で捕えられ、長崎西坂で処刑された二十六聖人のひとり

窓の向こうに見えるのは、マルマン神父とペルー神父の像

教を伝えたポルトガル人宣教師のアルメイダと人々の交流を描いたレリーフ「出会いの日」、日本二十六聖人のひとり、聖ヨハネ五島の殉教像「受難のとき」、マルマン神父とペルー神父の像「自由と愛の使者・復活の夜あけ」。見た目は普通の石だが、潜伏キリシタンたちが、キリスト像やマリア像として拝んでいた「クルス地蔵」もある。

教会内部にも、お帳（教会暦）、マリア観音、ド・ロ神父が作成させた宣教のための木版画、明治期のミサの写真など、見るべきものが多い。祭壇の下には聖ヨハネ五島の聖骨もある。ヨハネ五島はその名の通り五島の出身で、西坂で磔にされた時は19歳。聖骨はその後マニラに運ばれ、マカオに分骨されていたが、プティジャン神父によって日本に戻された。そして1977（昭和52）年のキリシタン資料館開設時に、ここに祀られることになった。命を賭けて信仰を守った青年は、長い旅の果て、ようやく里帰りできたのである。

長崎県・五島市（下五島・福江島）

水《みず》ノ《の》浦《うら》教会《きょうかい》

「白い貴婦人」とたとえられる
国内最大級の優美な木造教会

Data p.124

水ノ浦は外海から移住してきた人々の子孫の村。
現在の教会は1938（昭和13）年に建て替えられたもの

この教会は、「白いレースのドレスをまとった貴婦人」と称される。だが、この水ノ浦の地は、教会の優美さからは想像できない厳しい迫害の歴史も持っている。「信徒発見」後、この地で帳方を務めていた水浦久三郎が信仰を表明し、捕らえられた。しかし、遺族や信徒たちがその意志を継ぎ、1938（昭和13）年には、ついにこの美しい教会が建った。日本最大級の木造教会かつ、鉄川与助によるリブ・ヴォールト天井を持つ教会としては最後の作品となった。なるほど、すっきりした外観も、白とパステルカラーを基調とした内部も、大正期の教会と比べるとぐっと洗練されて現代的だ。

ステンドグラスからのやさしい光が堂内に差し込む

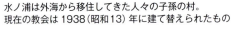

白い木造教会もまた、鉄川与助の作。
リブ・ヴォールト天井を持つ教会の
鉄川与助最後の作品と言われている

長崎県・五島市（下五島・福江島）

渕《ふち》ノ《の》元《もと》キリシタン墓《ぼ》地《ち》

東シナ海を見渡す
海辺のキリシタン墓地

福江島の北西部・三井楽《みいらく》町に東シナ海に突き出した半島状の土地がある。海岸沿いの道を進むと、荒涼とした草原があり、その先に、十字架やマリア像が立ち並んでいる。夕刻に行くと、次第に染まっていく空をバックにシルエットが浮かび上がり、荘厳ながら、どこかもの悲しい光景となる。

渕ノ元《ふちのもと》集落に外海の農民が移住してきたのは、1776（安永5）年、五島藩から依頼を受けての正式の移住より前のことだ。

信仰の自由と暮らし向きの安定を求めて、はるばるここまでやってきたが、生活は楽にならず、目の前には茫洋たる海が広がるばかり。残る望みは、もはや天国に行くことだけ。わたしには、ここにある十字架が、天国への階段に向かって手を伸ばすキリシタンたちの姿に思えてならなかった。

キリスト教では「死」は悲しむものではなく、神様の御許に召されること。東シナ海を望む墓に眠ることは信徒たちの夢だったのかもしれない

マリア像が見守る先には東シナ海が広がる

長崎県・五島市（下五島・福江島）

井《い》持《もち》浦《うら》ルルド

ペルー神父の呼びかけによりできた日本初のルルド

Data p.124

1858年、フランスのルルド村に住む少女の前に聖母マリアが出現し、洞窟に霊泉が湧き出して、多くの病人が救われる奇跡が起きた。そのフランスから五島にやってきたペルー神父が、福江島の南西にある井持浦教会脇に、日本のルルドを作ることを計画し、造られたのが井持浦ルルドだ。

　五島列島の津々浦々から小舟で名石が運ばれ、信徒たちの労働奉仕により、1899（明治32）年に完成した。ペルー神父はフランス製のマリア像を洞窟内に収め、本物のルルドから水を取り寄せて洞窟の泉に注いだ。

　現在、各地のカトリック教会に同様のルルドの泉があるが、こちらのルルドが、日本で最初にできたものである。洞窟の脇には小さな容器が売られており、泉と同じ水を汲んで持ち帰ることもできる。

井持浦教会。1987（昭和62）年の台風で大破し、翌年新たに建立された

ペルー神父が石の置き方ひとつまで、指導して造らせた、日本初のルルド。聖水を求めて今でも多くの巡礼者が訪れる

巡礼者用に「聖水入れ」の容器も販売されている

長崎県・五島市（下五島）

久賀島《ひさかじま》

五島のキリシタン迫害はここから始まった

Data p.124–p.125

福江島と奈留島の間に位置する久賀島。やぶ椿の原生林が茂り、椿の島としても知られている。美しい自然に包まれた静かな島だが、潜伏、迫害、復活といったキリスト教の歴史を物語る史跡も多い。福江島の奥浦港から定期船が就航している

牢に入れられた信徒200人のうち42人が命を落とした。その中には幼い子供もいた

牢屋の窄殉教記念教会。内部は床のじゅうたんが色分けされ、信徒たちが押し込められた広さが一目でわかるようになっている

田ノ浦瀬戸を見下ろす高台に立つ浜脇教会は五島初の鉄筋コンクリート造り

その名の通り5つの大きな島がある五島列島。南から数えて2番目の久賀島は「五島崩れ」と呼ばれる凄惨な弾圧の発端となった島だ。信徒発見の知らせを受け、久賀島の人々も信仰を公にした。結果、1868（明治元）年に「牢屋《ろうや》の窄《さこ》殉教事件」と呼ばれる弾圧事件が起きる。島民200人が捕えられ、6坪ほどの仮の牢獄に8カ月間押し込められた。狭すぎて座ることもできず、子供は足もつかない。遺体はそのまま放置され、腐臭と排泄臭が立ち込める。牢屋で39人、出牢後に3人が亡くなった。現在、その牢獄跡には牢屋の窄殉教記念教会と、犠牲者の名を刻んだ慰霊碑が並ぶ。

1881（明治14）年、久賀島には木造の教会が建てられた。しかし手狭になり、1931（昭和6）年に鉄筋コンクリートで建て替えられた。これが現在の浜脇教会である。もとあった木造の教会は、島内の五輪地区に移され、旧五輪教会堂として大切に守られている。

奈留瀬戸に面した狭い平地にひっそりと佇む旧五輪教会堂（左）と新聖堂（右）。一部の信徒たちは船で、礼拝に訪れていた

幾何学模様の装飾も美しい

長崎県・五島市（下五島・久賀島）

旧《きゅう》五《ご》輪《りん》教《きょう》会《かい》堂《どう》

文化財として大切に守られる五島最古の教会

Data p.125

旧五輪教会堂は、久賀島の中でもさらに交通が不便な場所にある。山の上に車を置いて歩くか、直接船で行くか。しかし、行くのに手間がかかるだけに、入江の奥にある教会が見えた時の嬉しさは格別だ。この教会は、1881（明治14）年、P93で紹介した浜脇教会がある場所に建てられた。1931（昭和6）年、浜脇教会の建て替えで、旧教会堂は解体され、すべての建材を木箱に入れて筏で運び、この五輪地区でもとの形に再建された。その後五輪地区と近くの蕨《わらび》小《こ》島《じま》の人々の祈りの場として使われていたが、老朽化に伴い、1985（昭和60）年、すぐ近くに新聖堂が建てられた。その際に解体の話が持ち上がったが、関係者たちの熱意で、文化財として保存されることになった。

五島では現存する最古の木造教会、長崎県全体でも、大浦天主堂に次ぐ古さだ。外観は普通の民家と変わらない家御堂だが、内部は本格的な教会建築だ。板張りのリブ・ヴォールト天井、ゴシック風祭

外観は素朴な和風建築だが、内部は３廊式リブ・ヴォールト天井の洋風建築だ

明治期の教会建築を知る、貴重な遺構だ。祭壇もゴシック風で本格的な教会建築となっている

入口のステンドグラス。旧教会堂は創建当時の姿を残す貴重な遺構だ

壇など、まだ西洋建築に関する知識がほとんどない時代に、よくぞここまで作ったものだと思う。創建当時、信徒たちの中には、まだ「牢屋の窄殉教事件」の記憶が生々しく残っていたはずだ。生き残ることができた人も、親族を亡くした人も、皆がこのお堂に集まって祈り、心をひとつにしていたのだろう。

教会に隣接する家で暮らす坂谷秀雄さんは、「今は数戸になってしまいましたが、昔は信徒がたくさんいました。わたしは１９４２（昭和17）年に山の向こうの集落で生まれたのですが、７歳のころ、母親に連れられて、ここにミサに来た記憶があります。その後ここには海産物の缶詰工場もでき、漁船もどんどんやってきて賑やかな場所だったんですよ」と言う。

ひとりの人間が生きている間にも、時はどんどん流れ、すべてのものが変化していく。その中で、変わらぬ姿を保ってきた旧五輪教会堂が、ますます貴重な存在に思えた。

海辺の林の中に、木造・瓦葺の建物がひっそりと佇む。かつては漁業の町として栄えた。奈留教会の巡回教会となっている

江《え》上《がみ》天《てん》主《しゅ》堂《どう》

長崎県・五島市（下五島・奈留島）

海辺の林に囲まれた 可愛らしい外観の教会

Data p.125

五島の真ん中の島、奈留島の江上という集落には、赤毛のアンの家のような白い教会がある。

江戸時代末期、外海からこの地域に４つの家族が移住してきた。彼らは漁業に従事しながら信仰を守り、１８８１（明治14）年に洗礼を受けてカトリックに復帰した。

１９０６（明治39）年に簡素な教会が造られた。だが、本格的な教会を建てたいと、鉄川与助に設計と施工を依頼する。総工費は諸説あるが、およそ５０００円。現代の金額に換算すると、７５００万～1億円もの金額になるという。当時の信徒数は40～50戸（約２００名）ほど。皆貧しく、資金繰りにはたいへんな苦労があったという。

だが、建設中の１９１７（大正６）年、例年になくキビナゴの地引網漁が大漁となり、思わぬ収入を手にする。信徒たちは「神様のお恵み」だと喜び合って、資金も労働も捧げたと伝わっている。

翌年の１９１８（大正７）年に完成

信者たちの奉仕によって、これまで何度も修復が繰り返されてきた。写真は2001年の修復の様子

軒天上飾りなど、細かいところまで丁寧な装飾が施されている

内部は漆喰仕上げのリブ・ヴォールト天井や疑似トリフォウムがある本格的な教会建築だ

した教会は、鉄川与助の手になる木造の教会の完成形とされている。

外観は可愛らしいが、内部はリブ・ヴォールト天井でロマネスク風の窓を備えた本格的な教会建築の構造。柱には手描きの木目、窓ガラスには花の模様が手描きされている。森の中にあるのは台風の風を避けるため、湿気を避けるために高床式になっているなど、土地の条件に合わせる工夫も数々見られる。

この教会は、2001（平成13）年に外壁などが修復された。その先頭に立った大工の葛島義信さんは、「以前は教会が傷んだら、ちょっと行って、自分たちで直すことができた。でも、文化財に指定されてからは、何をするにも、まず許可が必要になってしまった。ご祖先が建てた教会はわれわれの家でもあるのだから、そこがちょっと残念…」と語る。これは、五島の多くの教会が抱えている普遍的な問題のようだ。

若松島キリシタン洞窟と桐教会

キリシタン末裔が暮らす里を訪ねて

Data p.125

若松島は五島で2番目に大きな島の中通島に隣接し、現在は橋で渡ることができる。その南西端にある断崖に、「五島崩れ」の際に、若松島の里ノ浦から逃げた3家族が隠れたキリシタン洞窟がある。ここは陸地からは行くことができないため、若松港から船で向かう。途中でぽっかりと穴の空いた岩が見える。これは「針のメンド（針の穴）」と呼ばれるが、聖母マリアの姿に見えるとも言われる。その裏に回るとキリシタン洞窟がある。現在は洞窟の入り口に十字架とキリスト像が立てられているので沖からでもわかるが、むろん、3家族が隠れたころには何もなく、焚火の煙が沖を行く船に見つかり、捕えられたのだという。

岩にぽっかり空いた穴が聖母マリアの姿にも見える「針のメンド」

　キリシタン洞窟に渡してくれる船のひとつ、「祥福丸」の船長の坂井好弘さんは、9代続くかくれキリシタンの大将で、カトリックで言えば「神父」に当たる役職である。中通島の桐古里郷にあるご自宅は、いわば教会。現在は20戸ほどになった信徒の方が、年に何度かの特別な日に集まって祈る場となっている。ご自身は仏教の家の生まれだが、奥様が、大村藩からこの地に渡ってきたキリシタンの子孫で、明治時代以降も江戸時代の信仰形態を守り続けた家の方だったため、坂井さんもかくれキリシタンとしての洗礼を受けた。「五島だけでなく長崎中

かくれキリシタン第9代大将坂井好弘さん

若松島南端の断崖絶壁に３家族が隠れ住んだというキリシタン洞窟がある

を探しても、かくれキリシタンの組織はもうほとんど残っていない。誰かが守らなければ、遠からぬ先に、われわれの信仰は消えてしまうだろう」。坂井さんは、そんな思いで、大将の役を引き受けたのだという。
その坂井さんの家からほど近い

和服姿で十字架を手に持つ姿が印象的な「信仰の先駆者顕彰碑」

高台に桐教会がある。山を背後にした白亜の美しい姿、目の前の青い海。まるで南太平洋の島を思わせるような風景だ。この教会では、教会堂入口横に建立されている「信仰の先駆者顕彰碑」に注目したい。
3体ある銅像の中央は、ガスパル与作。この地の出身の与作は、17歳の時に五島の人として初めて長崎の大浦天主堂を訪れた。そして、偶然プティジャン神父と出会い、神父の再来を五島各地に伝えた。像は大浦天主堂へ参ろうと指差す姿だ。右側は、その父親のパウロ善七。過酷な拷問に耐え、信仰を全うした人で、当時の拷問に使われた算木（三角形の凸凹がある板で、この上に座らせ、腿の上に重い石を乗せる）に座る姿が印象的だ。左側のミカエル清川沢次郎は、伝道師として300人を洗礼に導いた。この桐というところは、カトリック復活の先鞭をつけた場所でもあるのだ。

白壁に赤い屋根の桐教会。若松瀬戸を見下ろす高台に立っている

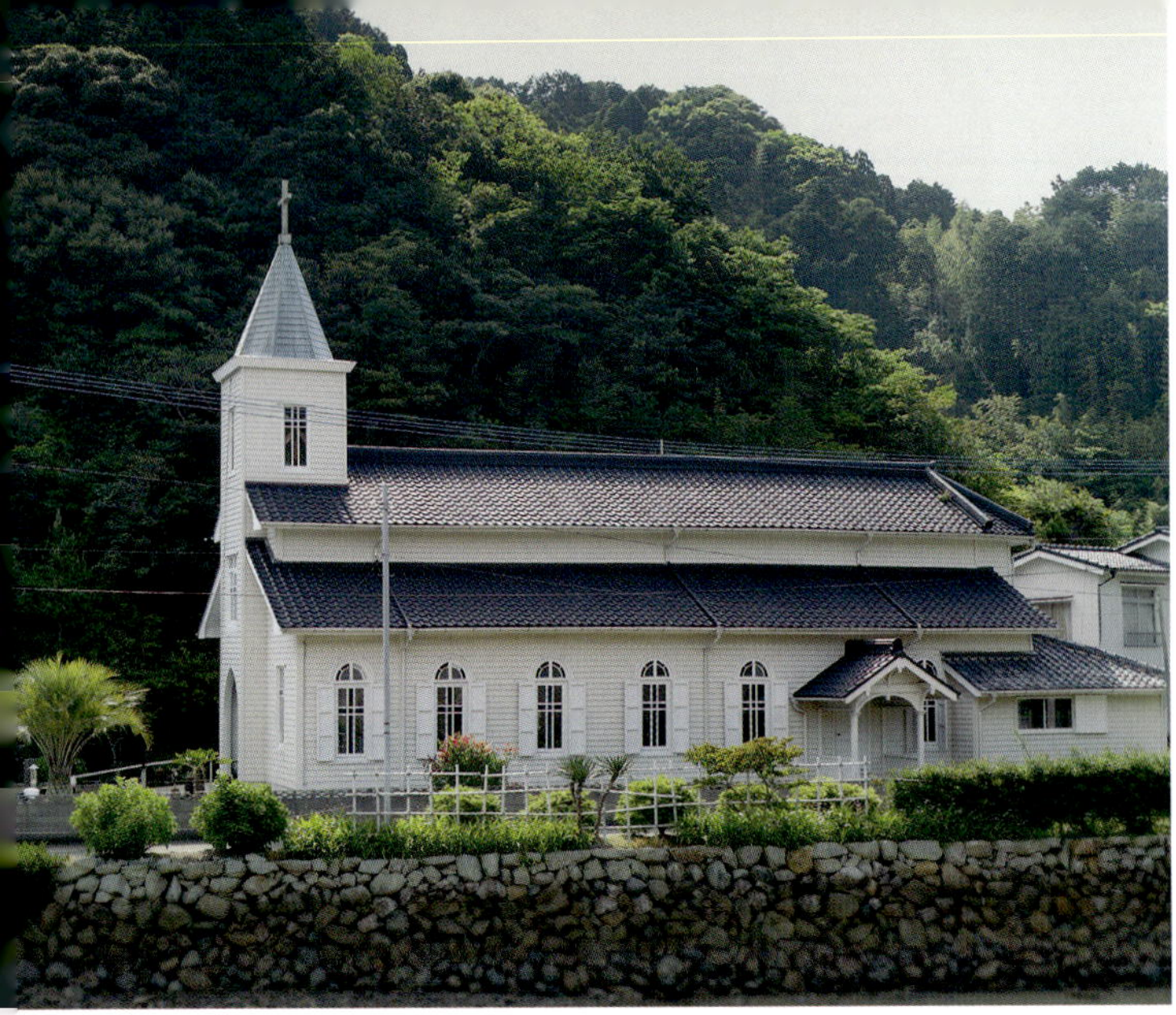

建物に特別な装飾はないが、そのシンプルさが周辺の風景と溶け込んで美しい。水面にその姿を写すことから別名「水鏡の教会」と呼ばれている

中《なか》ノ《の》浦《うら》教会《きょうかい》

長崎県・南松浦郡（上五島・中通島）

波静かな中ノ浦湾に姿を写す 祈りの場は壁面装飾が印象的

Data p.125

天井にも花の装飾があしらわれている

若松島と中通島の間の若松瀬戸は、五島でも指折りの景観を誇るリアス式海岸だ。中ノ浦教会は、その北端あたりの深い入江の奥にある。潮が満ちて波が静かならば、水面に映る「逆さ教会」が見られる。教会の回りには、信徒の方々が丹精込めて育てた季節の花が咲いている。とりわけ5月下旬から咲き始める、ルルドのマリア像を包み込むような野バラが美しい。ただし、ここは祈りのための場所。マナーを守って静かに鑑賞したい。

内部も実に素敵だ。天井は、祭壇の上の部分だけがリブ・ヴォールトで、その他は角ばった折上げ天井だ。ゴシック式の教会と比べればシンプルだが、その分、赤い花の装飾がより印象的に見える。この花に関しては、キリスト教と関わりの深いバラであるという説と、五島に多い椿である、という説がある。

この地の人々も、江戸末期に外海から移住してきた潜伏キリシタンの子孫。

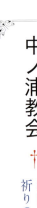

内部は折上げ天井で両側の壁に施された赤い花模様が印象的。花は椿ともバラとも言われているが、花びらが４枚になっているため、十字架をイメージしたとの説もある（内部の撮影は不可）

この教会が建てられたのは１９２５（大正14）年。現在、こちらの主任教会となっている桐教会は、カトリック復帰のさきがけとなった場所であるため、明治の初めに起きた迫害も厳しかった。そのためこちらの教会がある地区でも、同様の迫害があったという。

誰がこの教会を設計したかは定かではないが、実は、これとそっくりな教会が、かつて久賀島にあった。１９２０（大正９）年創建の細石流《ざざれ》教会で、設計・施工は鉄川与助である。残念ながら今は写真でしか見ることができないが、天井の形は、中ノ浦教会とほぼ同じ。花の装飾もよく似ている。

久賀島は「牢屋の窄殉教事件」という激烈な迫害があった島だが、島の北側の細石流《ざざれ》地区の人々は自分たちの集落に、「五島で一番きれいな教会を作りたい」という思いで細石流教会を建てたのだという。中ノ浦の信徒たちは、この細石流教会を手本にして、この美しい教会を建てたのだ。

青砂ヶ浦天主堂《あおさがうらてんしゅどう》

長崎県・南松浦郡（上五島・中通島）

赤煉瓦と十字架の白、そして天上の青コントラストが印象的な天主堂

Data p.125

真西を向いて建てられた天主堂。夕刻には丸窓から差し込む花形の光が美しい

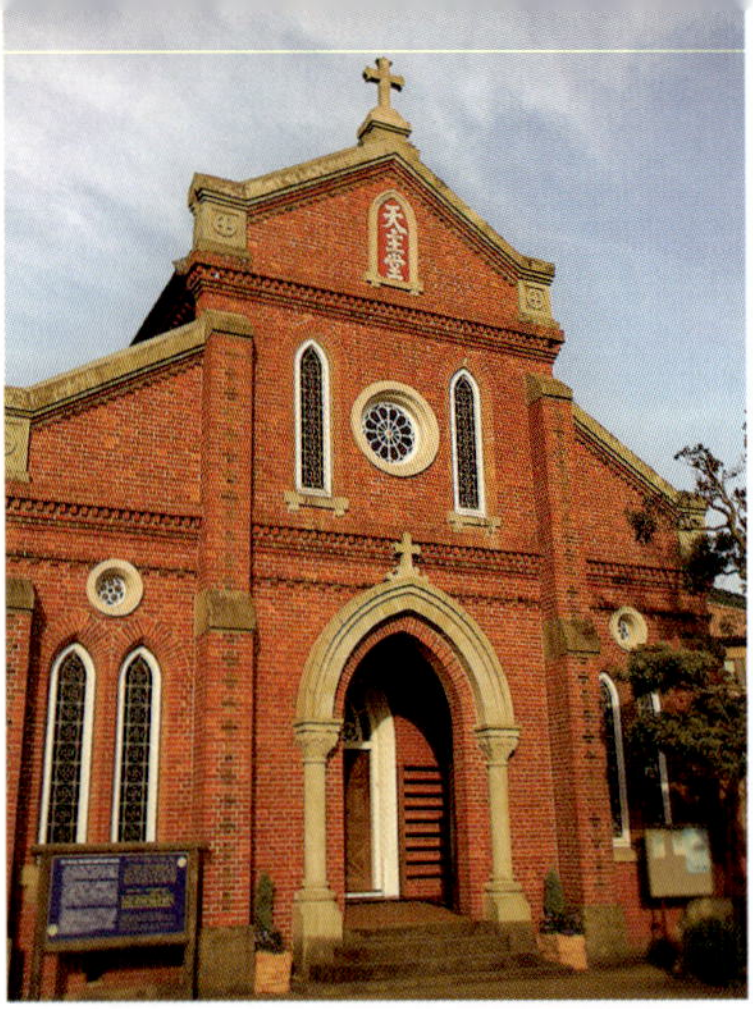

船で運ばれた煉瓦は、信徒たちが小高い丘に立つ教会までひとつひとつ背負って運び、手積みして造られた

3廊式、リブ・ヴォールト天井の教会内部。バランスのとれた色使いのステンドグラスの美しさには定評がある

明治初頭の五島では、さまざまな形での迫害があったが、この教会がある地域では、比較的少なかったと言われ、1878（明治11）年には簡素な聖堂が建てられ、1910（明治43）年には現在の建物が建った。上五島における中心的な教会となり、今も信徒数が多い。毎朝行われるミサには若い夫婦や子供たちも多数参列し、鐘の音が鳴り響く。

鉄川与助の設計・施工による3つ目の教会で、煉瓦造りでは、旧野首教会に続く2作目。両者を比較してみると、明らかに青砂ヶ浦の方が完成度が高い。また、この教会がある湾の対岸にある冷水教会は、木造であるが、鉄川が単独で設計した記念すべき第1作目だ。こちらも共に訪れると興味深いだろう。

この教会は、ステンドグラスの美しさでも知られている。お勧めの時間は午後3時以降。できれば少し長めに滞在し、丸窓から差し込む花形の光が天井付近に踊る瞬間を待ちたい。

板張りの外壁と煉瓦造りの鐘楼がモダンな旧聖堂。
現在は図書館や資料展示室として使われている

旧《きゅう》鯛《たい》ノ《の》浦《うら》教会《きょうかい》

長崎県・南松浦郡（上五島・中通島）

旧浦上天主堂の被爆煉瓦に平和への願いを込める

Data p.125

旧聖堂下の幼稚園跡地に建てられた新聖堂前の聖家族像

鐘塔には旧浦上天主堂の被爆煉瓦が使われている。焼け焦げた跡や熱によって水蒸気が噴き出した穴などを確認することができる

幕末〜明治初期の上五島で活躍した伝道師ドミンゴ森松次郎は、外海の出津生まれ。信仰を守るために江戸後期に鯛ノ浦の北にある蛤という地区に移り住み、禁教令下で宣教師の活動を支え、信徒の世話をして駆け回った。1870（明治3）年には、この地域では「鯛ノ浦の六人切り」と呼ばれる殉教事件も起きた。2つの家族のうち胎児を含めた6人が切り殺されるという残忍なものだった。

教会ができたのは1903（明治36）年。1949（昭和24）年には、煉瓦造りの鐘楼が増築された。平和への願いを込めて、原爆で倒壊した旧浦上天主堂の被爆煉瓦が一部使われており、よく見ると、焼け焦げた跡や熱による穴などが確認できる。1979（昭和54）年には隣接する地に新聖堂が建ったため、旧聖堂は、資料館と図書館のような役割となった。内部にはドミンゴ森松次郎に関するものをはじめとする資料が展示されている。

長崎県・南松浦郡（上五島・頭ヶ島）

頭ヶ島天主堂《かしらがしまてんしゅどう》

完成までに9年を要した
鉄川与助唯一の
石造りの教会

頭ヶ島は中通島の東端にあり、現在は橋によって繋がっている。かつては無人島だったが、幕末に、鯛ノ浦の潜伏キリシタンたちが住むようになった。「信徒発見」後、上五島地区で指導的立場にあったドミンゴ森松次郎が鯛ノ浦から移り住み、彼を慕う信徒たちも集まった。「五島崩れ」が始まると、松次郎は島を脱出、他の信徒たちも一時はいなくなり、禁制が解かれたのち再び島に戻ってきた。

やがて、松次郎の屋敷跡に最初の聖堂が建ち、1919（大正8）年に、鉄川与助の設計・施工により、現在の石造りの教会が建てられた。建設が始まったのは1910（明治43）年のこと。資金難による中断もあり、完成ま

Data p.125

五島の椿を模した花柄とブルーの色彩装飾があり、「花の聖堂」とも呼ばれている

天井は板張りで側壁面から出る二重の持送りによって折り上げられた珍しい造り

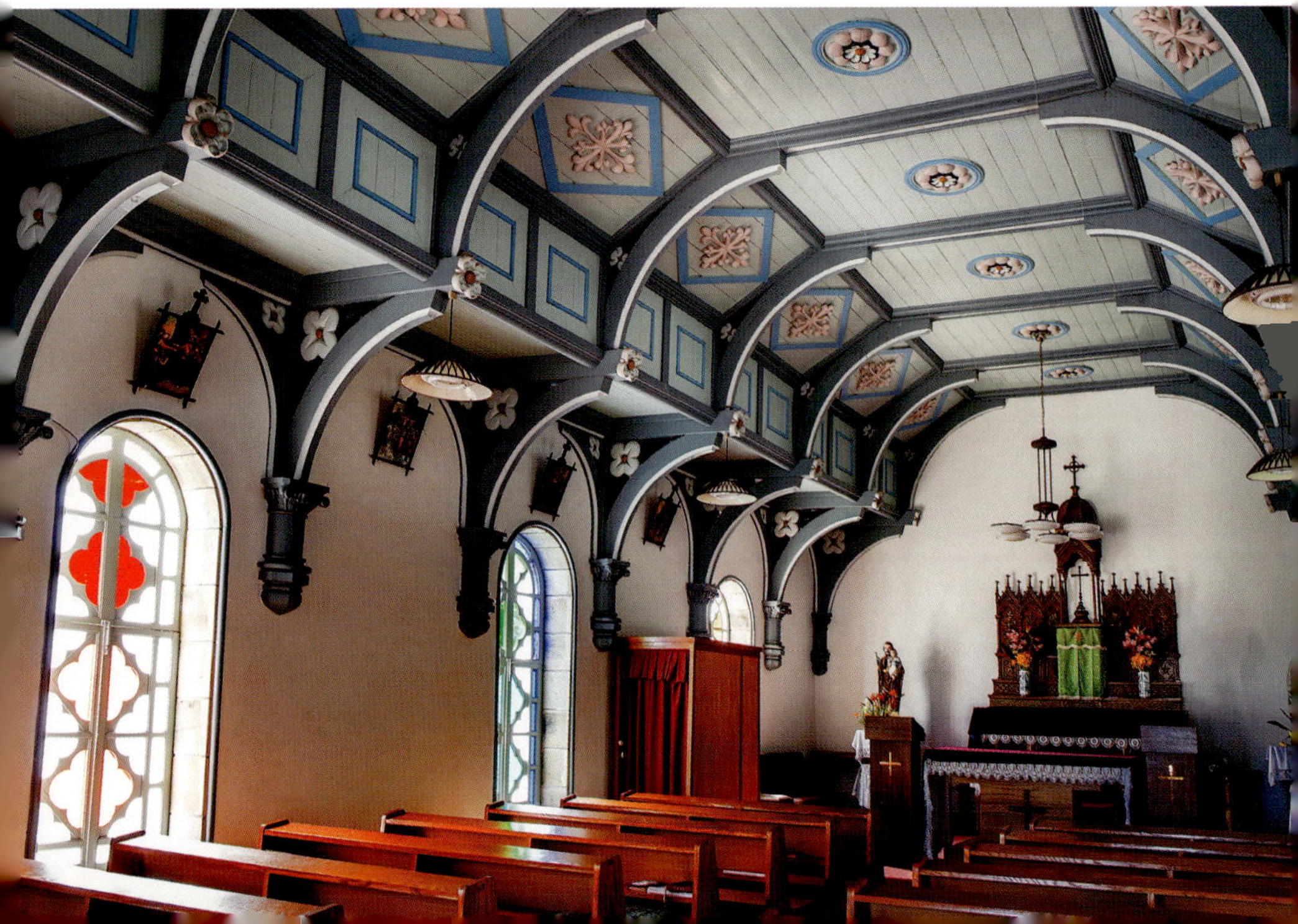

で9年もの歳月を要したのである。

ヨーロッパでは石造りの教会が多いが、日本では数少なく、鉄川作品としても、これが唯一。使われた石は砂岩で、頭ヶ島内だけでなく、近くのロクロ島からも船で運ばれた。石を切り出すのも運搬するのも、すべて人力だった。

代々こちらの信徒で、1937（昭和12）年生まれの松井義喜さんは、子供のころからこの教会に通い、走り回って遊んだことをよく覚えているという。

「わたしの父親は、教会で使う石を運ぶ仕事をしていて腰を傷めました。壁にイタズラ書きをしてしまった時は、自分たちがたいへんな思いをして作った教会を粗末に扱うなと、父に叱られましたよ」

そのイタズラ書きも近年の修復により消えた。今はもう数少なくなった信徒の方々は、花を飾ったり、周囲の木を剪定するなど、教会を美しく保つ作業を日々続けている。

石を積み上げた重厚な外観とは対照的に、内部は夢のように愛らしい。さほど大きい教会ではないのに広々して見えるのは、柱がないためである。その代わり、ハンマー・ビーム（壁面から突き出した梁）と呼ばれる工法で、天井を支えている。この梁の連なりが遠近法のような効果を生み出して、内部がより広く見えるのかも知れない。その梁と梁の間には、花の装飾が巧みにはめ込まれている。堅牢性と美を融合させた鉄川与助の技が見事だ。

海辺にある教会墓地。５月になるとマツバギクが満開に咲き誇り、一面ピンク色に彩られる

石造りの教会は全国的にも珍しい。切り出された石は、信者たちが丹念に積み上げ、９年を費やして完成させた

石積みの堂々とした聖堂は信徒の信仰と汗の結晶だ。中央に円形窓と八角形の銅板張りのドーム屋根を冠した塔屋を持つのが特徴だ

五島を彩る クリスマスイルミネーション

いつもは静かな五島が1年でもっとも煌めく日

中通島を中心とする新上五島町には29ものカトリック教会があり、そのほとんどが、12月初旬から1月初旬までの約1カ月間、イルミネーションで彩られる。これは、「日本夜景遺産」にも選ばれている上五島の風物詩だ。信徒たちの手作りのため、都会のイルミネーションほど派手ではないが、教会ごとに工夫が凝らされ、素朴で愛らしい。

島にはほとんど街灯がないので、場所によっては真っ暗で、車で走っていると、ふいに教会のイルミネーションが浮かび上がる。まるで闇の中から希望の光が現れるかのようで、心に沁みる。また、この時期は、昼間に教会を訪れても、キリスト生誕の様子を再現した「馬小屋の飾り」などを見ることもできる。

12月中旬には「チャーチウィーク」というイベントもある。長崎市などからプロの演奏家がやってきて、島内の6教会を会場に、6夜連続で、コンサートを行うのだ。島の人々も楽しみにしているが、島外からも観光客が多く訪れる。

そして12月24日、カトリックの人々にとってもっとも大切なクリスマス・イブ。各教会では、厳かにクリスマスのミサが行われるが、観光気分で覗くのは遠慮したい。

12月は五島全体の教会がクリスマスムードに包まれる（青砂ヶ浦天主堂）

クリスマスミサは信徒たちには特別のもの。参列する場合は祈りの心を忘れずに

クリスマスミサには、島内の子どもたちも参列する

長崎県・北松浦郡（小値賀町・野崎島）

旧《きゅう》野《の》首《くび》教《きょう》会《かい》

島民が寝食を削って建てた 鉄川与助初の煉瓦造りの教会

Data p.125

五島列島の北の端にある野崎島にキリシタンが住み始めたのは、19世紀のころ。一時は３つの集落があり、６５０人ほどが暮らしていたが、現在はほぼ無人の状態だ。上陸すると、まず、日本とは思えない荒涼とした風景に驚く。かつて段々畑だった山の斜面には、鹿だけが遊んでいる。この島から住人が消えたのは昭和40年代のこと。一度は人間の手で開かれた場所が、徐々に自然に帰っていく。仏教の言葉ではあるが、「諸行無常」という表現が一番しっくりくる光景だ。

しかし、変わらないものがひとつある。それは島の中ほどにある旧野首教会だ。この教会は、わずか17戸の信徒たちの悲願によって１９０８（明治

煉瓦平屋造りの教会。島がほぼ無人となった今では、文化財として大切に守られている

建設当時にヨーロッパから輸入されたというステンドグラスから今もやさしい光が堂内に差し込む

41）年に建てられた。「彼らは3度の食事を2度にし、キビナゴ漁で得た現金を貯めて、鉄川与助に教会建設を依頼したと伝わっています」と、この島にある宿泊施設の管理をしている前田博嗣さんは語る。

当時、鉄川は教会建設を手掛け始めたばかりで、この教会が初の煉瓦造りの作品である。請け負った当初は、数少ない信徒たちが高額な工費を払いきれるのかと心配したそうだが、除幕式の時には、汗と涙の結晶である小銭を積み上げて支払われたという。

小さな集落には不似合いなほど立派な教会が完成し、信徒たちはどれほど誇らしく思ったことか。しかし、そのわずか60年後、彼らはこの島を去った。高度成長期になり、自給自足では暮らせなくなったためだ。教会は荒れ果てたが、昭和60年代に修復されて文化財となった。土地と教会に込められた人々の希望や祈りを想像しながら、じっくりと鑑賞したい。

整然と並ぶ段々畑と教会のコントラストが美しい。野生の鹿が草を食むため、まるで整地したかのような風景が広がっている

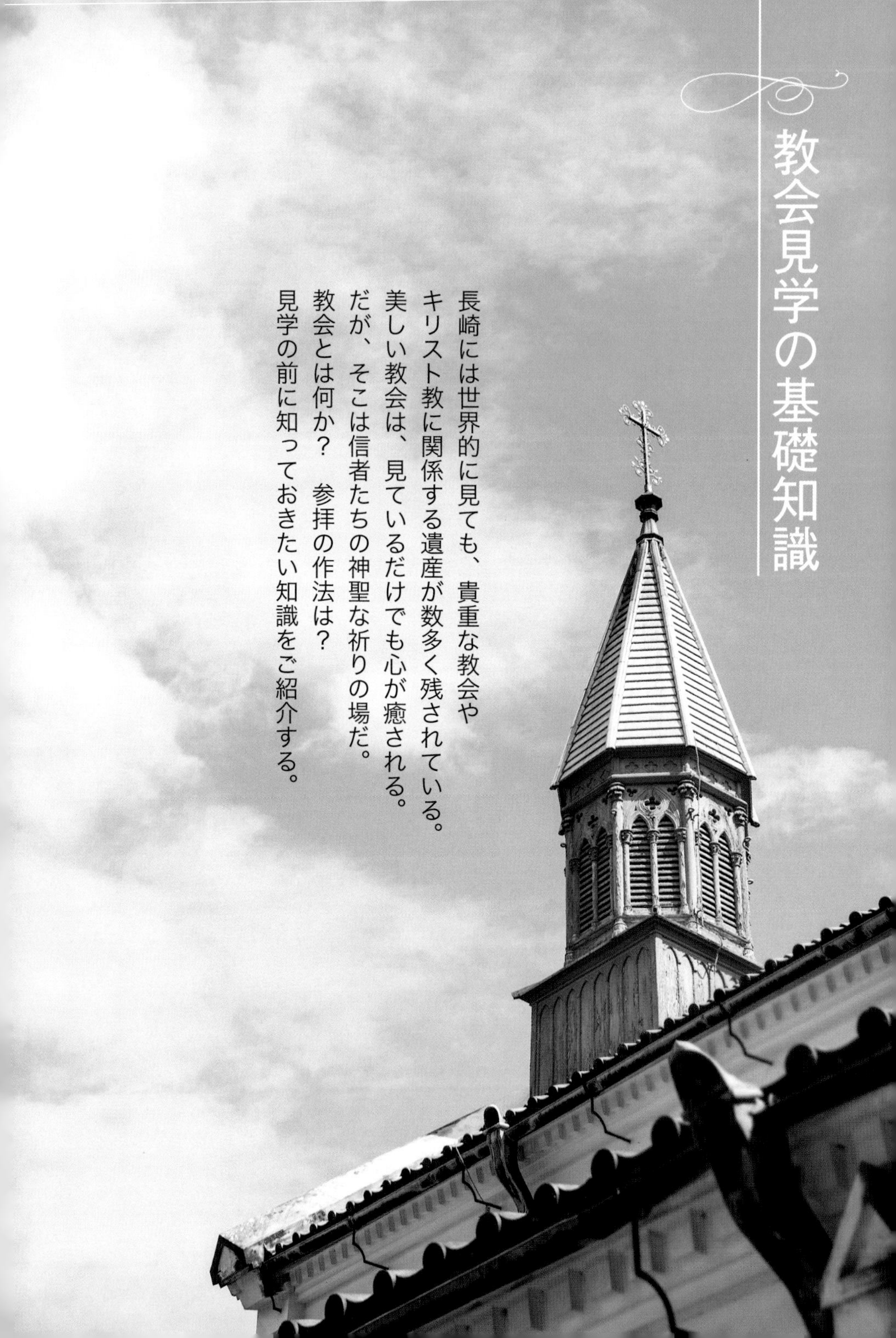

教会見学の基礎知識

長崎には世界的に見ても、貴重な教会や
キリスト教に関係する遺産が数多く残されている。
美しい教会は、見ているだけでも心が癒される。
だが、そこは信者たちの神聖な祈りの場だ。
教会とは何か？　参拝の作法は？
見学の前に知っておきたい知識をご紹介する。

教会とは何か

教会という言葉を聞くと、一般的には何らかの建造物を想像するが、実は「教会」には、大きく言って2つの意味がある。

ひとつは、キリストを信じ、協力し合う人々の集まりという意味、もうひとつは、そうした人々が祈る場所という意味だ。つまり、建物がなくとも、木の下に人が集まって祈るだけで、そこは立派な教会と言える。ヨーロッパの壮麗な教会からはなかなかそれを実感しにくいが、長崎県の津々浦々にある小さな教会を巡ってみると、ひとつひとつの建物に込められた祈りの心が感じられ、その本質が理解できる。

自宅で密かに祈ってきた長崎のキリシタンたちは、晴れて自分たちの祈りの場を持てるようになった喜びを爆発させるかのように、集落ごとに教会を建てた。最初は民家のような「家御《いえみ》堂《どう》」だったが、堅牢さを求めて、次第に、木造、煉瓦造り、鉄筋コンクリート造へと変化して行く。内部の装飾にも独自の工夫が凝らされた。

人が集まって祈る場所を教会とするなら、小屋のままでもいいはずなのに、なぜ彼らは、少ない現金収入を出し合い、忙しい暮らしの中で労働奉仕もして、より立派で美しい教会を建てようとしたのか。その答えをくれたのは、ある教会の若い信徒さんだった。

「聖書には、教会は神の住まいであると同時に、神の体そのものでもあると書かれています。わたしたち信徒のひとりひとりは、この神の体の中の器官です。だから、教会はわたしたちの家でもある。自分の家はきれいな方がいいに決まってますよね」

信徒さんたちにとって、それほど大切な場であるにもかかわらず、多くの教会は、一般の観光客に対しても扉を開いてくれる。そこで手を合わせて祈るかどうかは個人の選択にゆだねられるところだが、内陣には立ち入らない、ミサ中は遠慮するなど、最低限のマナーを守って訪問したい。

教会でのマナー

教会は観光地ではなく、聖なる祭儀の場であり、祈りの場。入堂に際しては、以下のことを必ず守りたい。また、ミサや冠婚葬祭が行われている場合は入堂を遠慮するよう心がけたい。

◎堂内では帽子を脱ぎ、私語は慎み、静かに
◎服装は極端な露出は避け、神聖な場所にふさわしいものを
◎堂内にある物には触れない
◎柵内、内陣（祭壇域）には絶対に立ち入らない
◎堂内での飲食、喫煙、飲酒は厳禁
◎堂内での写真撮影は原則禁止

長崎キリスト教史

※色文字は教会の成立

宣教時代

時代	西暦	事項／教会の成立
天文18	1549	聖フランシスコ・ザビエル鹿児島上陸
天文19	1550	ザビエル、平戸で布教開始
永禄5	1562	横瀬浦開港、キリスト教伝道開始 アルメイダ天草に伝道
永禄6	1563	大村純忠が受洗し初のキリシタン大名になる
永禄8	1565	アルメイダ五島地方に伝道
永禄9	1566	アルメイダ天草に伝道
永禄12	1569	トードス・オス・サントス教会建立
元亀2	1571	長崎開港
天正12	1584	天正遣欧使節、フェリペ2世に謁見
天正13	1585	天正遣欧使節、ローマ教皇に謁見
天正15	1587	豊臣秀吉がバテレン（伴天連）追放令を発布
慶長元	1597	宣教師と信徒ら26人が長崎の西坂で殉教
慶長6	1601	岬のサンタマリア教会
慶長14	1609	サント・ドミンゴ教会
慶長19	1614	江戸幕府禁教令を発布、宣教師国外追放 岬のサンタマリア教会禁教令により破壊 サント・ドミンゴ教会禁教令により破壊
元和3	1617	大村で殉教始まる
元和5	1619	長崎の教会をすべて破壊
元和6	1620	トードス・オス・サントス教会禁教令により破壊

再建時代

時代	西暦	事項／教会の成立
明治2	1869	第1バチカン公会議開会
明治4	1871	岩倉使節団、欧米諸国の視察に出発
明治6	1873	キリシタン禁制の高札（五榜の掲示）撤去 岩倉使節団、欧米諸国の視察から帰国
明治13	1880	旧三井楽教会　旧水ノ浦教会
明治14	1881	旧五輪教会堂　十字架山建設
明治15	1882	出津教会堂　旧仲知教会　旧江袋教会
明治18	1885	宮原教会
明治22	1889	大日本帝国憲法で信教の自由が保障される
明治26	1893	大野教会堂
明治28	1895	善長谷教会
明治30	1897	神ノ島教会　井持浦教会　桐教会
明治31	1898	宝亀教会堂
明治35	1902	現黒島天主堂
明治36	1903	旧鯛ノ浦教会　米山教会
明治40	1907	冷水教会
明治41	1908	堂崎教会　旧野首教会
明治43	1910	現青砂ヶ浦天主堂
大正元	1912	山田教会
大正2	1913	福見教会

時代	和暦	西暦	出来事
追放（殉教）時代	元和8	1622	元和の大殉教
	寛永4	1627	雲仙での殉教始まる
	寛永6	1629	長崎で「踏み絵」始まる
	寛永10	1633	第1次鎖国令
	寛永11	1634	第2次鎖国令トマス西殉教。バスチャン暦の始まり
	寛永12	1635	第3次鎖国令。寺請制度開始
	寛永13	1636	出島が完成
	寛永14	1637	島原・天草一揆が勃発
	寛永16	1639	ポルトガル人国外追放
	正保元	1644	最後の神父が殉教
潜伏時代	明暦3	1657	大村藩の郡崩れ
	寛政2	1790	浦上一番崩れ
	寛政9	1797	外海キリシタン、五島へ移住開始
	文化2	1805	天草崩れ
	安政5	1858	長崎奉行、「踏み絵」を廃止
	安政6	1859	長崎、横浜、函館などの開港と外国人居留地形成
	文久2	1862	西坂での殉教26人が「聖人」に列せられた
再建時代	元治2	1865	大浦天主堂「信徒発見」
	慶応3	1867	浦上四番崩れ
	慶応4 明治元	1868	明治政府キリシタン邪宗門を禁制 ド・ロ神父長崎に来る 五島崩れ

時代	和暦	西暦	出来事
再建時代	大正3	1914	旧浦上天主堂
	大正5	1916	大曽教会
	大正7	1918	江上天主堂　田平天主堂
	大正8	1919	頭ヶ島天主堂
	大正9	1920	黒崎教会
	大正14	1925	中ノ浦教会
	大正15	1926	若松大浦教会
	昭和2	1927	邦人最初の司教として早坂久之助叙階
	昭和4	1929	紐差教会
	昭和6	1931	浜脇教会　平戸ザビエル記念教会
	昭和8	1933	大江教会
	昭和9	1934	現崎津教会
	昭和13	1938	現水ノ浦教会
	昭和20	1945	原爆により浦上天主堂崩壊
	昭和26	1951	サンフランシスコ講和条約締結
	昭和34	1959	浦上教会再建
	昭和35	1960	小値賀教会
	昭和37	1962	第2バチカン公会議（～1965） 聖フィリッポ教会（日本二十六聖人記念聖堂）
	昭和44	1969	牢屋の窄殉教記念教会
	昭和57	1982	コルベ神父列聖
	昭和62	1987	トマス西と15殉教者列聖

長崎で活動した主な宣教師

キリスト教伝来以降、
多くの宣教師が日本を訪れた。
彼らの熱心な布教活動で
長崎のキリスト教史は
作られていった。

フランシスコ・ザビエル

【*1506–1552*】

Francisco de Xavier

スペイン人のカトリック宣教師。イエズス会の創設メンバーのひとり。1549年に鹿児島に上陸し、日本にキリスト教を伝えた人物として知られる。翌年、平戸に上陸。布教の保護を求めて京都まで行くが、都での天皇や将軍との謁見はかなわなかった。日本やインドに布教を行い、1622年聖人になる。

ルイス・フロイス

【*1532–1597*】

Luís Fróis

リスボン生まれ。1563年に来日。日本での布教活動の様子をイエズス会本部に書き送った。実際に謁見した織田信長や豊臣秀吉などについても書かれたこの記録は、『日本史』という名で後世に知られることとなる。最後の報告は、西坂における26人のキリシタン及び宣教師の殉教についてだった。

アルメイダ

【*1525–1583*】

Luis de Almeida

ポルトガルのリスボン生まれ。もとは外科医の資格も持つ貿易商。1552年香辛料の貿易のため初来日。1555年に再来日しイエズス会に入信する。その後大分で病院の建設を進めるなどキリスト教だけでなく、福祉や西洋医学の普及にも努めた。長崎では、五島、平戸、生月島、島原、大村など各所で活動。

プティジャン

【*1829–1884*】

Bernard Thadée Petitjean

フランス生まれ。パリ外国宣教会所属。1860年、まず那覇に上陸。続いて横浜に行き、1863年に長崎へ。先に長崎に来ていたフュレ一神父と共に大浦天主堂を建てる。1865年、「信徒発見」に立ち合い、その後起きた浦上四番崩れの際は、日本人信徒を助けるために奔走した。1884年、長崎で死去。

ヴァリニャーノ

【*1539–1606*】

Alessandro Valignano

イタリア出身のイエズス会東インド巡察師。1579年、布教の様子を視察するため島原半島の口之津港に上陸。日本人の文化的資質を高く評価し、日本人司祭を育てるための学校（セミナリヨ、コレジョ）を設立。一時帰国する際、4人の優秀な少年をヨーロッパに伴なった。それが「天正遣欧使節」である。

ド・ロ

【*1840–1914*】

Marc Marie de Rotz

パリ外国宣教会所属。1868年に来日し、当初は印刷作業を担当していた。その後、長崎の外海に赴任し、出津教会、大野教会を建てた。医学、建築、農業などさまざまな分野で活躍し、人々の生活向上のために尽くした。神父が考案したそうめんやパスタは、今も製品として作られている。

ペルー

【*1848–1918*】

Albert Charles Arsene Pelu

パリ外国宣教会所属。1872年に来日し、外海や平戸、上五島などを担当した。1888年以降、下五島に赴任し、旧井持浦教会、堂崎教会、楠原教会など、煉瓦造りの教会を次々に建てた。堂崎教会の前には、「自由と愛の使者」と名付けられた、ペルー神父とその前任者マルマン神父、彼らが助けた子供たちの像がある。

ラゲ

【*1854–1929*】

Émile Raguet

ベルギー生まれ。1879年に来日し、伊王島、平戸などで信徒を指導した。その後、福岡、大分、鹿児島などで活動し、九州地区のカトリックの基礎を築く。1914年、死去したフレノ神父の意志を継ぎ、旧浦上天主堂を完成させた。文語体による日本語訳聖書を作成し、仏和辞典を作ったことでも知られる。

マルマン

【*1849–1912*】

Joseph Ferdinand Marmand

パリ外国宣教会所属。1876年に来日し、下五島の主任司祭に任命される。1882年、堂崎に木造の旧堂崎教会、1890年、伊王島の旧馬込教会などを建てる。1897年黒島に着任。この地に本格的な教会を建てることを自らの目標とし、1900年から2年の歳月をかけて、ロマネスク様式の黒島天主堂を建立した。

コルベ

【*1894–1941*】

Maksymilian Maria Kolbe

ポーランド生まれ。1830年に来日し、「無原罪の聖母の騎士」（布教のための小冊子）の作成に従事。長崎市郊外に本拠地を置いて活動した。帰国後、修道院の院長として活動するが、第二次世界大戦が勃発し、ナチスに捕えられる。アウシュビッツ・ビルケナウ収容所にて、他の収容者の身代わりとなって死去。

ガルニエ

【*1860–1941*】

Frederic Louis Garnier

パリ外国宣教会所属。1885年に来日し、京都と長崎で活動。その後天草に着任し、50年にわたり、島の信徒たちを指導した。生活は極めて質素で、天草弁を話し、島民に愛された。天草を訪れた北原白秋など若い5人の文学者による紀行文『五足の靴』にも、パアテル（神父さん）という呼び名で登場する。

教会建築を見る

教会は生きた祈りの場。訪れる際には信徒たちが大切に守っている空間だということを理解し、ルールを守り拝観しよう。

【長崎の教会の特徴】

西洋の技法と日本人大工の伝統的な技術が融合した長崎の教会。その構造も木造から、煉瓦、石、鉄筋コンクリートとさまざま。より堅牢さを求めて教会建築が移り変っていった様子が見て取れる。

木造
明治 14 年築の旧五輪教会堂。木造平屋のまるで民家のような佇まい。最も初期の木造教会だ。

【教会の内部構成】

内陣
堂内で祭壇のある一段高くなった場所。祭壇や朗読台が並び、聖職者以外は立ち入り禁止だ。内陣の赤いランプがついていたら、聖体が置かれているという意味で、聖なる場所を意味している。内陣の中央奥にはキリスト像、向かって右側にはマリア像が置かれていることが多い

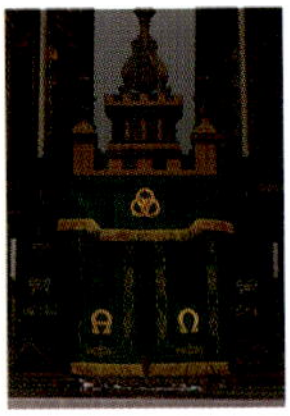

聖櫃《せいひつ》
聖体を安置する箱状の容器。カトリック教会での聖櫃は「人間の間に住まわれる神の家」でもっとも神聖なもの

鉄筋コンクリート造
より堅牢さを求めて造られた。長崎県では昭和４年に紐差教会が最初。

石造
石造りの教会は全国的にも珍しい。頭ヶ島天主堂は地元の砂岩で造られている。

煉瓦造
大正時代に多く造られた。高さと荘厳さを兼ね備え、もっとも教会らしい建物。写真は黒島天主堂。

【天井の構造】

柱の数を少なくして広い空間を作り出すことができるリブ・ヴォールト天井（別名コウモリ天井）や、船を逆さまにしたような形で、天井の両側が下がった舟底天井（別名折上げ天井）などがある。

ハンマー・ビーム天井は頭ヶ島天主堂だけに見られる特殊な構造で、列柱を持たず、二重に折り上げられている。

折上げ天井

ハンマー・ビーム天井

リブ・ヴォールト天井

日本の教会を完成させた 名建築家・鉄《てつ》川《かわ》与《よ》助《すけ》

日本の教会建築を完成に導いたと言われるのが鉄川与助。1879（明治12）年、上五島・新魚目町生まれ。家は代々続く大工の棟梁の家系だった。与助は、フランス人ド・ロ神父ら外国人宣教師らのもとで教会建築に携わりながら腕を磨き、教会建築の棟梁・建築家としての名声を獲得する。木造、煉瓦造り、鉄筋コンクリート造と、時代の流れと共にその構造も変化してゆくが、和と洋を見事に融合した独創的であたたか味のある作品を建て続けた。1976（昭和51）年、97歳で天寿を全うした。

写真提供：
鉄川進一級建築士事務所

教会の美　鑑賞ポイント

【ステンドグラス】

色ガラスを組み合わせて、いろいろな模様、画像などを描き出したガラス板。ゴシック様式の特徴のひとつで、10世紀以後、教会の窓などに用いられてきた。長崎の教会のステンドグラスは身近な花などをモチーフにした素朴なものが多い。光の透過によっても色や明るさが変わるので、見る時間、天気でさまざまな表情を見ることができる。

旧野首教会

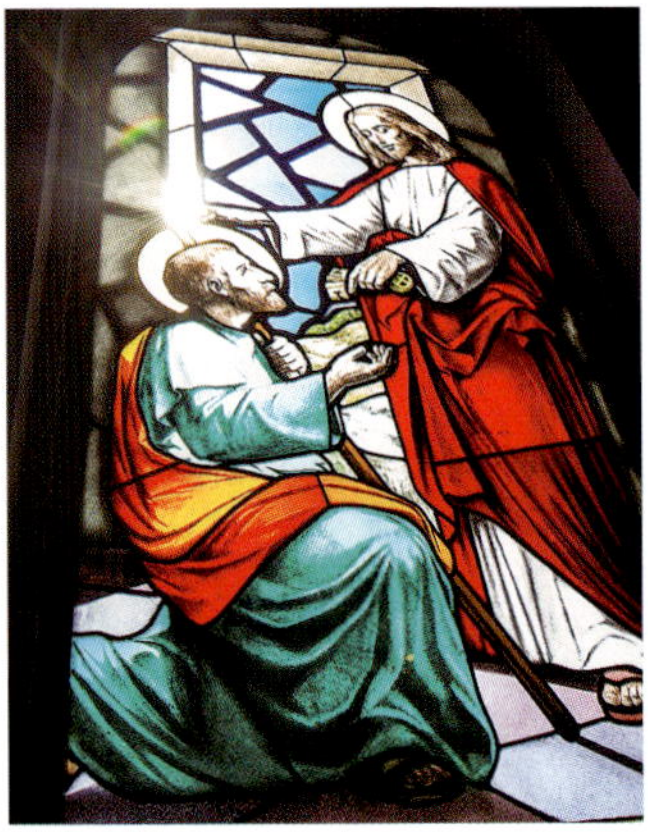
田平天主堂

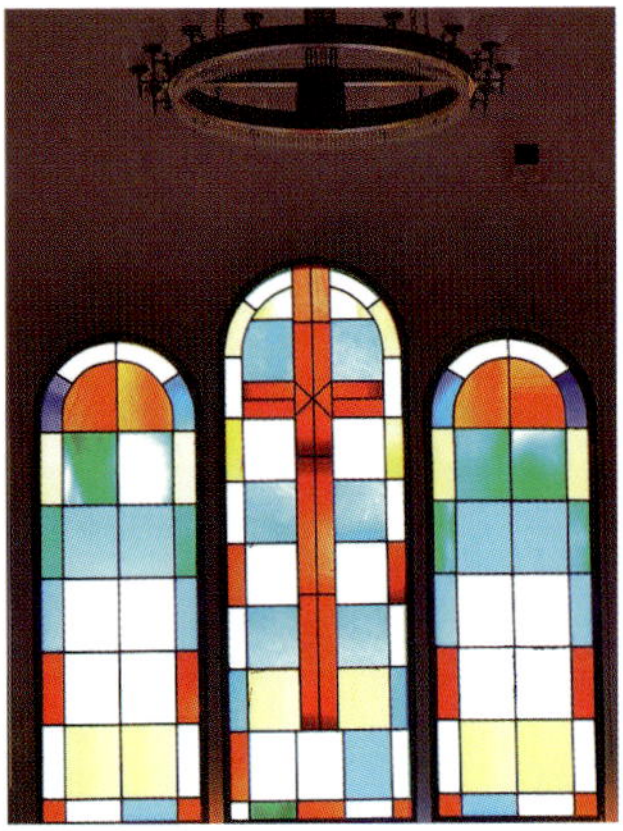
紐差教会

青砂ヶ浦天主堂

三井楽教会

仲知教会

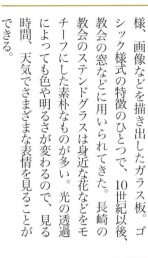

【聖像】

キリストや聖母マリア、聖ヨゼフや聖家族像などのほか、各教会が「教会の保護者」としている特定の聖人像がある。

【十字架の道行】

キリストの受難（捕縛から磔刑、埋墓まで）を14場面に分けた聖画を両側壁面に掲げ、その前を巡りながら黙想する。

【聖のイコノグラフィー】

カトリックの教会で目にする聖像や聖具、シンボルには、さまざまな宗教的な意味合いがある。意匠には、聖書の一節をモチーフにしたものが多く見られる。

一度は訪れてみたい教会

迫害を乗り越え、
信徒たちに守られてきた
祈りの場は、
まだまだ沢山ある。
そこには復活を歓ぶ
信徒たちの思いが
凝縮されている。

善長谷教会《ぜんちょうだにきょうかい》（長崎市内）

善長谷は、江戸時代末期に外海から移ってきたかくれキリシタンの子孫が住む集落。山の中腹にあるため、海に落ちる夕日の眺望が素晴らしく、映画のロケにも使われた。

TEL：095-871-3459
（深堀教会）
住所：長崎市大籠町善長谷
時間：常時可能
交通：長崎駅から車 40 分

馬込《まごめ》（沖え島）教会《きょうかい》（伊王島）

かつては炭鉱の島だった伊王島だが、近年リゾートとなった。おとぎの国の城のような馬込教会は、鉄筋コンクリート造で 1931 年に建てられた。

TEL：095-898-2054
住所：長崎市伊王島町 2-617
時間：見学自由（堂内は隣の司祭館に連絡が必要）、土・日曜は 10 時～ 12 時 **交通：**長崎港ターミナルから長崎汽船伊王島経由高島行きの高速船で 25 分、伊王島下船、伊王島桟橋から徒歩 15 分

宮原教会《みやばらきょうかい》（下五島・福江島）

五島の福江島にある宮原集落は、かくれキリシタンが多かったところ。屋根の上の小さな十字架がなければ民家と区別がつかないが、これが五島の教会の原型とも言える。

TEL：0959-72-6550
（長崎巡礼センター五島市ステーション）
住所：五島市戸岐町 773-2
時間：要連絡
交通：福江港から車で 20 分

三井楽教会《みいらくきょうかい》（下五島・福江島）

三井楽は、大村藩からの公式な移住が始まる前にキリシタンが居を構えた場所。現在の教会は 1971 年に建てられたもの。外壁のモザイクや内部のステンドグラスがモダンだ。

TEL：0959-84-2099
住所：五島市三井楽町岳 1420
時間：7 時～ 18 時
交通：福江港から車で 40 分

神ノ島教会《かみのしまきょうかい》（長崎市内）

長崎港の西側にある神ノ島は、もとは直径 1 キロほどの小島だったが、現在は埋め立てにより陸続きになった。禁教時代にはキリシタンが潜伏し、対岸にある高鉾島付近の海には、殉教者の遺体が沈められているという。信徒発見後、この島で指導的立場だった西忠吉・政吉の兄弟は、禁教令が続く中でプティジャン神父の布教を手伝い、検挙された。現在ここには、エーゲ海の島を思わせる白亜の教会が立っている。教会の下に、船の安全を願って建てられた「岬の聖母」もある。

TEL：095-865-1028
住所：長崎市神ノ島町 2-148
時間：7 時～ 17 時
交通：長崎駅前から長崎バス神の島教会下行きで 25 分、終点下車、徒歩 1 分

仲知教会《ちゅうちきょうかい》（上五島・中通島）

現在の建物は 1978 年、主に漁業に従事する信徒たちが、１戸当たり 140 万円もの資金を出し合って建てたもの。内部には建設に関わった人々の姿を描いたステンドグラスがある。

TEL：0959-55-8037
住所：南松浦郡新上五島町津和崎郷 991
時間：7 時～ 18 時
交通：有川港から車で約 50 分

福見教会《ふくみきょうかい》（上五島・中通島）

外海などからの移住者が住んだ集落で、「五島崩れ」の際に船で脱出した人々が、戻ってきて初代の教会を建てた。現在の教会は 1913 年築で、煉瓦造りの教会の原型のひとつ。

TEL：0959-54-2231（長崎巡礼センター新上五島町ステーション） **住所**：南松浦郡新上五島町岩瀬浦郷福見 **時間**：9 時～ 17 時
交通：奈良尾港から車で 10 分、有川港から車で 40 分

米山教会《こめやまきょうかい》（上五島・中通島）

上五島、中通島の北の果て。外海から移住してきたキリシタンの子孫が暮らす集落だ。1977 年に建てられた現在の教会は、アメリカの砂漠にある建物を思わせる。

TEL：0959-42-0964（新上五島町観光物産協会） **住所**：南松浦郡新上五島町津和崎郷 589-14
時間：9 時～ 17 時
交通：有川港から車で 60 分

若松大浦教会《わかまつおおうらきょうかい》（上五島・中通島）

1945年に、民家を借り受けて聖堂にしたため、十字架がなければ教会と判別できない。堂内のマリア像は信徒の方が制作したもので、ふっくらした「日本の母」のイメージ。

TEL：0959-54-2231（長崎巡礼センター新上五島町ステーション）
住所：南松浦郡新上五島町宿ノ浦郷大浦
時間：9 時～ 17 時
交通：奈良尾港から車で 15 分

長崎市遠藤《えんどう》 周《しゅう》 作《さく》文学館《ぶんがくかん》

外海は潜伏キリシタンの里として知られ、遠藤氏の代表作『沈黙』の舞台となったところでもある。その海際の断崖の上にこの記念館がある。館内には、氏の著作に関する資料、幼少期から晩年までの歩み、書斎のレプリカなどが展示されている。キリスト教に基づいた作品だけでなく、ユーモア小説も人気だった狐狸庵先生の、笑顔の写真が微笑ましい。

TEL：0959-37-6011
住所：長崎県長崎市東出津町 77 番地
時間：9 時～ 17 時（入館は 16 時 30 分まで）
料金：360 円
休み：12 月 29 日～ 1 月 3 日
交通：長崎駅から車で 40 分

冷水教会《ひやみずきょうかい》（上五島・中通島）

1907 年、鉄川与助が 27 歳で独立し、初めて建てた教会。対岸にある青砂ヶ浦天主堂も鉄川作で、3 年後の作品だ。青砂ヶ浦天主堂が煉瓦造りなのに対し、こちらは木造である。

TEL：0959-54-2231（長崎巡礼センター新上五島町ステーション）
住所：南松浦郡新上五島町網上郷 623-2
時間：9 時～ 17 時
交通：榎津港から車で 15 分。奈良尾港から車で 40 分

江袋教会《えぶくろきょうかい》（上五島・中通島）

1882 年に建てられた日本最古の木造教会だったが、2007 年に焼失。残った木材の一部を使って、2010 年に復元した。夕暮れ時の鐘楼は、五島を代表する風景のひとつ。

TEL0959-42-0964（新上五島町観光物産協会）
住所：南松浦郡新上五島町曽根郷字浜口 195-2
時間：9 時～ 17 時
交通：有川港から車で 45 分

平戸市生月町博物館　島の館

page 29

TEL：0950-53-3000
住所：平戸市生月町南免 4289-1
時間：9 時～ 17 時（入館は 16 時 30 分まで）**休み：**1 月 1・2 日（燻蒸等による特別休館有）**料金：**510 円 **交通：**平戸桟橋から生月バスで約 40 分、汐見町下車、徒歩 5 分。または生月大橋から車で約 2 分

山田教会

page 33

TEL：0950-53-0832
住所：平戸市生月町山田免 442
時間：9 時～ 16 時
交通：舘浦漁港から車で 5 分。または生月大橋から車で約 10 分

田平天主堂

page 34

TEL：095-823-7650（長崎の教会群インフォメーションセンター）
住所：平戸市田平町小手田免 19
時間：9 時～ 17 時（日曜は 10 時 30 分～）**交通：**佐世保駅から松浦鉄道伊万里行きで 1 時間 20 分、たびら平戸口下車、車で約 10 分。平戸大橋から車で約 5 分

黒島天主堂

page 38

TEL：0956-56-2017 **住所：**佐世保市黒島町 3333 **時間：**常時可能 **交通：**相浦港から黒島旅客船黒島行きで 50 分、黒島港下船、徒歩約 30 分（バス・タクシーなし）※旅客船は 1 日 3 便運航。第 2・4 月曜は一般客の車両搭乗不可（人のみの乗船は可、車を載せる場合は 1 週間前までに要予約）

【長崎・島原・天草】

サント・ドミンゴ教会跡資料館（長崎市立桜町小学校内）

page 45

TEL：095-829-4340 **住所：**長崎市勝山町 30-1 **時間：**9 時～ 17 時 **休み：**月曜、12 月 29 日～ 1 月 3 日 **料金：**無料 **交通：**長崎駅前から路面電車蛍茶屋行きで 2 分、桜町下車、徒歩 8 分

教会見学にあたっては必ずルールを守って。また、内部拝観には事前申し込みが必要な教会もあるので、事前に長崎の教会群インフォメーションセンターのホームページなどで確認、問い合わせを。

【平戸・生月・佐世保】

平戸ザビエル記念教会

page 22

TEL：0950-22-2442
住所：平戸市鏡川町 259-1
時間：7 時～ 16 時 30 分（日曜は 10 時～）※見学は柵外からのみ
交通：佐世保駅前から西肥バス平戸桟橋行きで 1 時間 30 分、平戸桟橋下車、徒歩 15 分

宝亀教会堂

page 24

TEL：0950-28-0324
住所：平戸市宝亀町 1170
時間：6 時～ 17 時頃
交通：平戸大橋から車で、約 20 分

紐差教会

page 26

TEL：0950-28-0168
住所：平戸市紐差町 1039
時間：8 時～ 15 時
交通：平戸大橋から車で約 30 分

平戸市切支丹資料館

page 28

TEL：0950-28-0176
住所：平戸市大石脇町 1502-1
時間：9 時～ 17 時 30 分
休み：水曜、12月29日～1月2日
入館：200 円
交通：平戸大橋から車で約 40 分

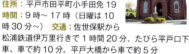

長崎市外海歴史民俗資料館

page 62

TEL：0959-25-1188
住所：長崎市西出津町 2800
時間：9 時～ 17 時
休み：12 月 29 日～ 1 月 3 日
料金：300 円　**交通**：長崎駅から車で約 1 時間

枯松神社

page 65

TEL：095-829-1193（長崎市経済局文化観光部 文化財課）
住所：長崎市下黒崎町
交通：長崎駅前から長崎バス板の浦行きで約 1 時間、黒崎教会前下車、徒歩 20 分

大野教会堂

page 69

TEL：095-823-7650（長崎の教会群インフォメーションセンター）　**住所**：長崎市下大野町 2624　**時間**：原則施錠され、内覧は不可　**交通**：長崎駅前から長崎バス板の浦行きで約 1 時間 10 分、大野下車、徒歩 20 分

長崎市ド・ロ神父記念館

page 69

TEL：0959-25-1081
住所：長崎市西出津町 2633
時間：9 時～ 17 時
休み：12 月 29 日～ 1 月 3 日
料金：300 円
交通：さいかい交通バス出津文化村下車、徒歩 5 分。長崎駅から車で約 50 分

出津教会堂

page 70

TEL：095-823-7650（長崎の教会群インフォメーションセンター）
住所：長崎市西出津町 2633
時間：要予約
交通：さいかい交通バス出津文化村下車、徒歩 15 分。長崎駅から車で約 50 分

大浦天主堂

page 46

TEL：095-823-2628
住所：長崎市南山手町 5-3
時間：8 時～ 18 時（入館は 17 時 45 分まで）　**料金**：拝観 600 円
交通：長崎駅前から路面電車正覚寺下行きで 10 分、築町乗り換え、石橋行きで 10 分、大浦天主堂下下車、徒歩 5 分

日本二十六聖人記念聖堂 聖フィリッポ教会

page 50

TEL：095-822-6000
住所：長崎市西坂町 7-8
時間：9 時～ 17 時
料金：500 円（記念館）
休み：12 月 31 日～ 1 月 2 日
交通：長崎駅から徒歩 5 分

浦上天主堂

page 54

TEL：095-844-1777
住所：長崎市本尾町 1-79
時間：9 時～ 17 時
交通：長崎駅前から路面電車赤迫行きで 13 分、松山町下車、徒歩 5 分

如己堂・長崎市永井隆記念館

page 57

TEL：095-844-3496
住所：長崎市上野町 22-6
時間：9 時～ 17 時
料金：100 円
休み：12 月 29 日～ 1 月 3 日
交通：長崎駅前から路面電車赤迫行きで 14 分、大橋下車、徒歩 10 分

聖コルベ記念館

page 58

TEL：095-825-2075
住所：長崎市本河内 2-2-1
時間：9 時～ 17 時
休み：無休
交通：長崎駅前から路面電車蛍茶屋行きで 10 分、終点下車、徒歩 10 分

大江教会

page 79

TEL：0969-42-5176
住所：熊本県天草市天草町大江1782
時間：9時～17時
交通：天草空港から車で約1時間5分

【五島列島】

堂崎教会（下五島・福江島）

page 86

TEL：0959-73-0705
住所：五島市奥浦町2019
時間：9時～17時（冬季は16時まで） **休み**：年末年始
料金：300円
交通：福江港から車で約15分

水ノ浦教会（下五島・福江島）

page 88

TEL：0959-82-0103
住所：五島市岐宿町岐宿1643-1
時間：8時～16時
休み：不定休
交通：福江港から車で約20分

井持浦教会（下五島・福江島）

page 91

TEL：0959-72-3957
（福江教会）
住所：五島市玉之浦町玉之浦1243
時間：9時～17時
交通：福江港から車で約45分

浜脇教会（下五島・久賀島）

page 93

TEL：0959-72-3957
（福江教会）
住所：五島市田ノ浦町263
時間：9時～17時
交通：田ノ浦港から車で約5分

黒崎教会

page 72

TEL：0959-25-0007
住所：長崎市上黒崎町26
時間：6時～18時
交通：長崎駅前から長崎バス板の浦行きで約1時間、黒崎教会前下車、徒歩2分

原城跡

page 74

TEL：0957-65-6333
（南島原ひまわり観光協会）
住所：南島原市南有馬町大江
時間：見学自由
交通：島原鉄道島原駅から車で50分

南島原市有馬キリシタン遺産記念館

page 75

TEL：0957-85-3217
住所：南島原市南有馬町乙1395
時間：9時～18時
休み：木曜
料金：無料
交通：島原駅から車で約40分

天草市立天草キリシタン館

page 76

TEL：0969-22-3845
住所：熊本県天草市船之尾町19番52号 （城山公園内）
時間：8時30分～18時（入館は17時30分まで）
休み：12月30日～1月1日
料金：300円
交通：天草空港から車で約15分

﨑津教会

page 77

TEL：095-823-7650（長崎の教会群インフォメーションセンター）
住所：熊本県天草市河浦町崎津539 **時間**：外観見学自由
休み：不定休 **交通**：本渡バスセンターから九州産交バス河浦・牛深港行きで1時間、一町田中央から富岡港行きに乗り換え20分、教会入口下車、徒歩1分

中ノ浦教会（上五島・中通島）

page 100

TEL：0959-44-0006（桐教会）
住所：南松浦郡新上五島町宿ノ浦郷中ノ浦
時間：9時～17時
交通：奈良尾港から車で約20分

青砂ヶ浦天主堂（上五島・中通島）

page 103

TEL：0959-52-8011
住所：南松浦郡新上五島町奈摩郷1241
時間：9時～17時
交通：鯛ノ浦港から車で15分。青方港から車で約10分

旧鯛ノ浦教会（上五島・中通島）

page 103

TEL：0959-42-0221
住所：南松浦郡新上五島町鯛の浦郷326
時間：9時～17時
交通：有川港から車で約10分。鯛ノ浦港から車で約10分

頭ヶ島天主堂（上五島・頭ヶ島）

page 104

TEL：095-823-7650（長崎の教会群インフォメーションセンター）
住所：南松浦郡新上五島町友住郷頭ヶ島638
時間：9時～17時
交通：有川港から車で約25分

旧野首教会（小値賀町・野崎島）

page 108

TEL：0959-56-3111（小値賀町総務課観光係）
住所：北松浦郡小値賀町野崎郷野崎　**交通：**小値賀港から町営船第3はまゆうで35分野崎港下船、徒歩20分（基本的に第1・3日曜は全便運休。ただし時期により変更あり）

牢屋の窄殉教記念教会（下五島・久賀島）

page 93

TEL：0959-72-3957（福江教会）
住所：五島市久賀町大開
時間：外観見学自由
交通：田ノ浦港から車で約15分

旧五輪教会堂（下五島・久賀島）

page 94

TEL：0959-72-7800（五島市教育委員会生涯学習課）
住所：五島市蕨町五輪993-11
時間：見学自由
交通：田ノ浦港から車で約40分

江上天主堂（下五島・奈留島）

page 96

TEL：095-823-7650（長崎の教会群インフォメーションセンター）
住所：五島市奈留町大串郷1131
休み：月曜
交通：奈留港から車で約20分

若松島キリシタン洞窟

page 98

船のみ巡礼可能　**瀬渡し：**せと志お0959-46-2020、明日香090-4980-2200　祥福丸0959-44-1762
前日までに、要予約。
住所：長崎県南松浦郡新上五島町若松郷　**料金：**1人8000円（3人以上乗船の場合は1人3000円）
交通：若松港から船で10分

桐教会（上五島・中通島）

page 99

TEL：0959-44-0006
住所：南松浦郡新上五島町桐古里郷357-4
時間：9時～17時
交通：奈良尾港から車で約10分

旅のヒント

長崎県内に点在している教会群と関連施設を一度で回るにはかなり無理がある。長崎市内、平戸エリア、五島列島と行きたいポイントを絞ってから旅の計画を練るのがおすすめだ。

大浦天主堂や日本二十六聖人殉教地、浦上天主堂といった長崎市内に点在する教会や史跡は、1日で見て回ることができるので、1日は長崎市内をじっくり見て回り、2日目以降に平戸エリア、もしくは外海エリアに足を伸ばすというのもいいだろう。

長崎旅ネットには教会巡りのモデルコースが出ているので、参考にしたい。

【平戸・生月エリアへ】

JR佐世保駅が起点となる。バスなどの公共の交通機関は本数が限られているので、効率よく移動するにはレンタカー、タクシーを利用するのがいいだろう。

【黒島へ】

JR佐世保駅から相浦港に出て、黒島旅客船「ニューフェリーくろしま」を利用する。1日3往復運航しているが、乗船の際は必ず事前に確認を。

【外海エリアへ】

JR長崎駅から長崎バスの路線バス「板の浦行」利用となるが、こちらも本数が限られているので、レンタカーで移動するのがおすすめだ。

【島原半島へ】

原城のある島原半島へは、JR諫早駅から島原鉄道に乗り換え、島原駅から島鉄バスで「原城前」行き利用となる。ただしこちらもバスの本数が少ないので、レンタカーでキリスト教関連施設を巡りながら行くのがおすすめだ。

【天草へ】

口之津港から島鉄フェリーで鬼池港に渡る。鬼池港から﨑津教会へはレンタカーでの移動がおすすめ。

【五島列島へ】

飛行機利用の場合は、長崎空港から福江島へオリエンタルエアブリッジが1日3便運行。福岡空港からはANAとオリエンタルエアブリッジが1日、4便運行している。

船利用の場合は長崎港と佐世保港が海の玄関口となる。

長崎港からは、九州商船の五島列島（福江～奈良尾）行きフェリーとジェットフォイル、五島産業汽船の上五島（鯛ノ浦）行きの高速船が発着している。

佐世保港からは、九州商船の上五島（有川、小値賀）行きのフェリーと高速船、五島産業汽船の上五島（有川）行きの高速船とフェリーが就航。

この他、博多港から、野母商船の五島列島行きフェリー「太古」が就航している。

五島列島の島内は公共の交通機関は少ないので、レンタカー利用がおすすめ。また、教会めぐりのツアーなども利用するのもいいだろう。

問合せ一覧

【観光案内】

(一社) 長崎県観光連盟
☎ 095-826-9407

長崎市コールセンター
[あじさいコール]
☎ 095-822-8888

長崎市総合観光案内所
☎ 095-823-3631

(一社) 長崎国際観光
コンベンション協会
☎ 095-823-7423

佐世保市観光物産振興局
☎ 0956-24-1111

佐世保観光情報センター
((公財) 佐世保観光コンベン
ション協会内)
☎ 0956-22-6630

平戸市観光課
☎ 0950-22-4111

平戸市観光案内所
☎ 0950-22-2015

五島市観光交流課
☎ 0959-74-0811

(一社) 五島市観光協会
☎ 0959-72-2963

南島原市商工観光課
☎ 050-3381-5032

(一社) 南島原ひまわり観光協会
☎ 0957-65-6333

天草市観光振興課
☎ 0969-23-1111

(一社) 天草宝島観光協会
☎ 0969-22-2243

新上五島町観光商工課
☎ 0959-42-3851

新上五島町観光物産協会
☎ 0959-42-0964

【ガイド】

長崎さるくガイド
((一社) 長崎国際観光
コンベンション協会内)
☎ 095-811-0369

NPO 法人 長崎巡礼センター
☎ 095-893-8763

NPO 法人 平戸観光
ウェルカムガイド
☎ 0950-23-8210

生月ボランティアガイド協会
(平戸市生月町博物館 島の館内)
☎ 0950-53-3000

南島原ガイドの会 有馬の郷
((一社) 南島原ひまわり観光
協会内)
☎ 0957-65-6333

佐世保時旅 (ときたび) ガイド
(佐世保観光情報センター内)
☎ 0956-22-6630

五島市ふるさとガイドの会
☎ 0959-88-9075

上五島ふるさとガイドの会
(新上五島町観光物産協会内)
☎ 0959-42-0964

天草宝島案内人の会 ((一社)
天草宝島観光協会事業部内)
☎ 0969-22-2243

【交通関係】

長崎バス
☎ 095-826-1112

黒島旅客船
☎ 0956-56-2516

オリエンタルエアブリッジ
☎ 0570-064-380

九州商船
(長崎)
☎ 095-822-9153
(佐世保・平日)
☎ 0956-22-6161
(佐世保・休日)
☎ 0956-24-5326

五島産業汽船
☎ 095-820-5588

野母商船
☎ 092-291-0510

島鉄バス (島原営業所)
☎ 0957-64-1515

長崎旅ネット
http://www.nagasaki-tabinet.com/junrei/

長崎の教会群インフォメーションセンター
http://kyoukaigun.jp/

文：吉田さらさ 【よしだ さらさ】

寺と神社の旅研究家。早稲田大学第一文学部卒。著書に『京都　仏像をめぐる旅』『お江戸寺町散歩』(集英社 be 文庫)『近江若狭の仏像』『石仏・石の神を旅する』(ともに JTB パブリッシング)『お地蔵さまのことば』(ディスカヴァー・トゥエンティワン）など。「ノジュール」などにも寄稿。早稲田大学エクステンションセンターなどで講師も務める。寺町を目的に長崎市を訪れた際に教会の美しさに心打たれ、昨今では、五島の教会をテーマにしたツアー案内などもしている。
http://home.c01.itscom.net/sarasa/

写真：飯田裕子 【いいだ ゆうこ】

日本大学芸術学部写真学科卒業・在学中に三木淳氏に 師事。風土に根ざした人間の営みやものづくり、普遍的文化 を国内外で取材撮影し、雑誌や写真展で発表する。特に、フィジーをはじめ太平洋の島々との関わりが深くライフワークとしている。写真展に「Fare Pacifica」「Bula! Fiji」ニコンサロン、フジフイルムフォトサロン、など。太平洋の島々の撮影の折に教会到来の来歴や植民地化の中での文化的融合を体感。そして長崎の教会を撮影しながら、深い信仰の姿と文化のかたちに胸を打たれた。
http:// yukoiida.main.jp/

文＝吉田さらさ
写真＝飯田裕子
校正＝(株）エディット（鈴木有加・海谷紀和子）
編集・取材協力＝カトリック長崎大司教区、長崎純心女子大学、長崎県

装丁＝三木和彦（Ampersand works）
本文デザイン＝三木和彦、林みよ子（Ampersand works）
プリンティングディレクター＝水澤弘幸（株式会社DNPメディア・アート）
地図・図版製作＝ジェイ・マップ

参考文献
「旅する長崎学１巻～６巻」（長崎文献社)、「長崎游学２」（長崎文献社)、「聖母が見守った奇跡」（特別展「聖母が見守った奇跡」展実行委員会)、「ザビエルと歩く　ながさき巡礼」（長崎巡礼センター・長崎文献社）「こころの自由　ここにはじまる　大浦天主堂 150 年の歩み」（長崎の教会群インフォメーションセンター）

◆ 本書の情報は平成 27 年 9 月現在のものです。
◆ 各種データを含めた記載内容の正確さは万全を期しておりますが、お出かけの際は、電話などで事前に確認されることをお勧めします。本書に掲載された内容による損害などは、弊社では補償いたしかねますので、あらかじめご了承ください。

◆ 本書の編集にあたり、関係各位に多大なご協力を賜りました。厚く御礼申し上げます。

楽学ブックス
文学歴史　19

長崎の教会

編集人／金森早苗
発行人／秋田　守
発行所／ JTB パブリッシング
印　刷／大日本印刷

【図書のご注文は】
JTB パブリッシング　営業部直販課
☎ 03-6888-7893

【本書内容についてのお問い合わせは】
JTB パブリッシング　出版事業本部
企画出版部　☎ 03-6888-7846
〒 162-8446　東京都新宿区払方町 25-5
http://www.jtbpublishing.com

Printed in Japan　374390
ISBN978-4-533-10676-7　C2026
◎乱丁・落丁はお取替えいたします。
◎旅とおでかけ旬情報　http://rurubu.com/

楽学
374390